Ute Friesen

# Stuttgarter Rätseltouren

*Dieses Buch ist zwei Stuttgartern gewidmet,*
*die ich sehr schätze: Thomas Groll und Anja Krutinat*

Ute Friesen

# STUTTGARTER RÄTSELTOUREN

Entdecke Deine Stadt!

THEISS

# Inhalt

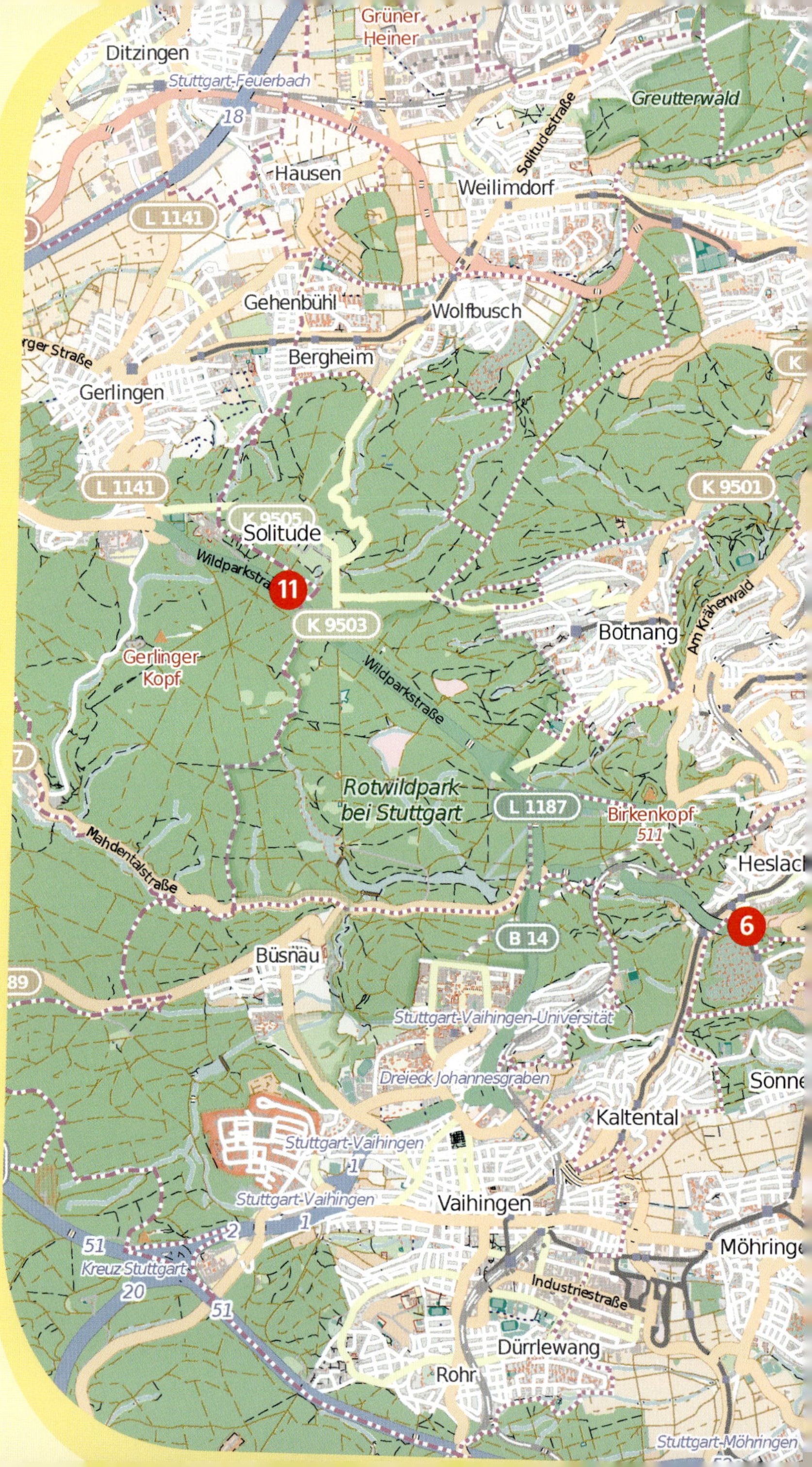

Grüner Heiner
Ditzingen
Stuttgart-Feuerbach
18
Greutterwald
Solitudestraße
Hausen
Weilimdorf
L 1141
Gehenbühl
Wolfbusch
Bergheim
Gerlingen
L 1141
K 9501
K 9505
Solitude
Wildparkstraße
11
K 9503
Botnang
Am Kräherwald
Gerlinger Kopf
Wildparkstraße
Rotwildpark bei Stuttgart
L 1187
Birkenkopf
511
Mahdentalstraße
Heslach
6
B 14
Büsnau
Stuttgart-Vaihingen-Universität
Dreieck Johannesgraben
Sonne
Kaltental
Stuttgart-Vaihingen
Stuttgart-Vaihingen
Vaihingen
Möhringen
51
Kreuz Stuttgart
20
51
Industriestraße
Dürrlewang
Rohr
Stuttgart-Möhringen

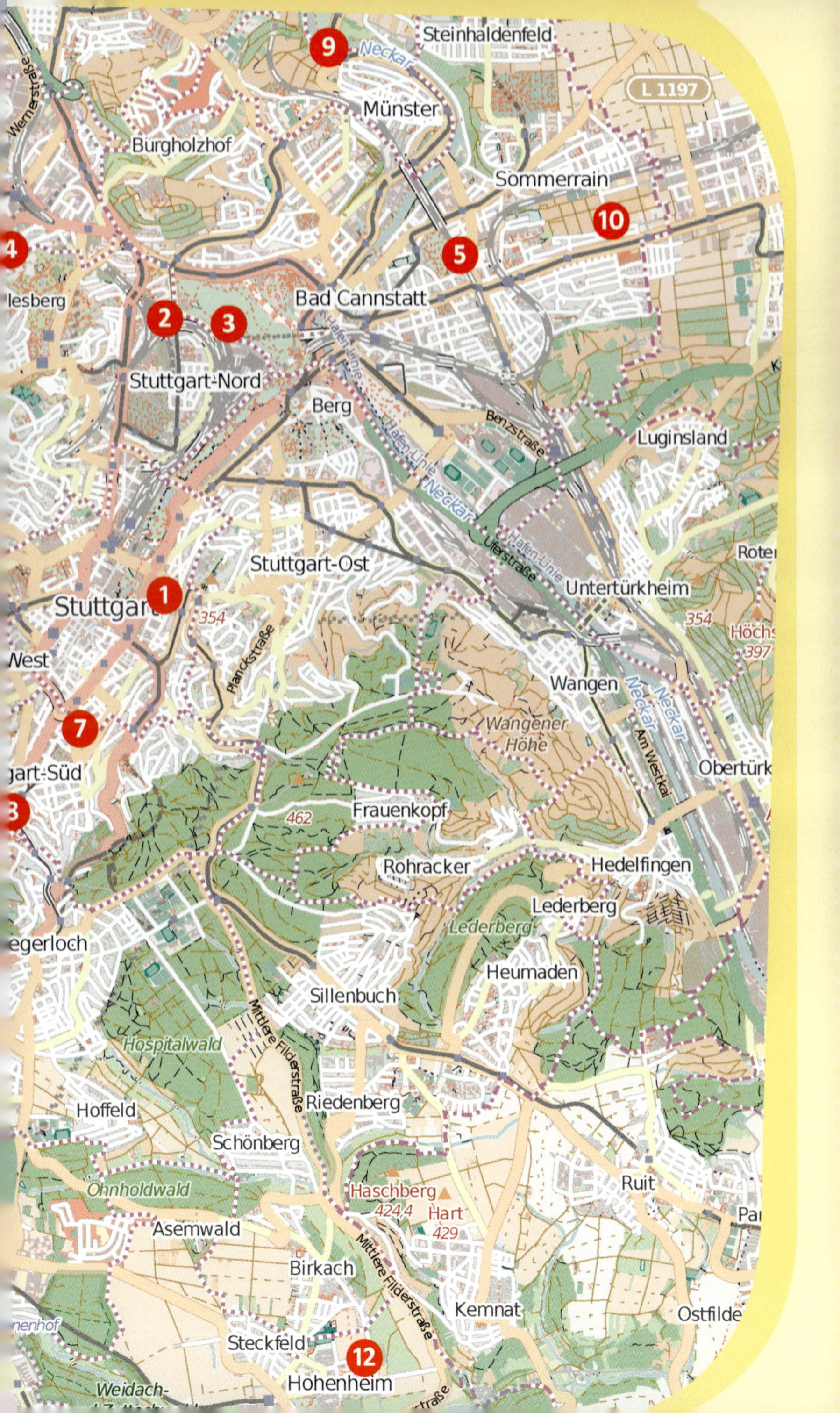

Steinhaldenfeld
Neckar
L 1197
Münster
Wernerstraße
Burgholzhof
Sommerrain
Bad Cannstatt
Stuttgart-Nord
Berg
Benzstraße
Luginsland
Neckar
Uferstraße
Stuttgart-Ost
Untertürkheim
Stuttgart
354
Plankstraße
Wangen
West
Wangener Höhe
Am Westkai
Obertürk
Frauenkopf
462
Rohracker
Hedelfingen
Lederberg
Heumaden
Sillenbuch
Mittlere Filderstraße
Hospitalwald
Hoffeld
Riedenberg
Schönberg
Ohnholdwald
Haschberg
424,4
Hart
429
Ruit
Asemwald
Birkach
Kemnat
Ostfilde
Steckfeld
Hohenheim
Weidach-

# VORWORT

Dieses Buch lädt Kinder und Erwachsene dazu ein, Stuttgart näher kennenzulernen. Sie erfahren in kleinen Häppchen etwas über die Geschichte, über Pflanzen und Geologie, über Kunst und Tiere. Das Spektrum der Themen ist so vielfältig wie die Touren, die durch die Stadt führen. Die Touren haben alle eine familiengerechte Länge von maximal fünf Kilometern. An manchen Punkten werden die Kinder sicher länger verweilen wollen, weil etwa der Stadtteilbauernhof gerade zum Stockbrotgrillen einlädt oder die Kinder sich nicht von einer Kletterwand lösen wollen. Deswegen haben wir auf Zeitangaben verzichtet.

Die Touren lassen sich – bis auf die durch die Hohenheimer Gärten und den Killesbergpark – zwischendurch an Bus- oder Bahnhaltestellen unterbrechen und an einem anderen Tag wieder weiterführen. Die Unterbrechungsmöglichkeiten sind als *Quengelpunkte* angegeben.

Zu den Touren gibt es kleine Rätselfragen, von denen jeweils von der richtigen Lösung nur ein Buchstabe für das große Rätsel am Ende der jeweiligen Tour gebraucht wird. Am Schluss einer jeden Tour soll das Lösungswort von den Kindern ausgeknobelt werden. Alle Lösungen finden Sie am Ende der jeweiligen Tour.

*Noch drei kleine Hinweise, ehe Sie losgehen:*

Bei den Rätseln gelten „ä“, „ö“ und „ü“ als **ein** Buchstabe.

Stuttgart ist hügelig – und bekannt für seine Stäffele. Unsere Touren führen auch immer wieder über Treppen. Sie sind ausgerichtet auf Familien mit Schulkindern. Viele sind für Kinderwagen ungeeignet und auch nicht für Rollstühle konzipiert.

☞ Eltern besitzen unterschiedliche Überzeugungen darüber, in welchem Alter das Thema Tod mit Kindern thematisiert werden sollte. Da Friedhöfe grüne, autofreie Rückzugsorte in der Stadt sind, führen einige Touren durch sie hindurch. Wenn Sie es noch nicht für angebracht halten, mit dem Kind auch an Gräbern vorüberzugehen, so lesen Sie bitte die Tourenbeschreibungen und wählen Sie die Touren dementsprechend aus. Wir selbst aber denken, dass man Kinder mit allen Aspekten der Realität konfrontieren kann und darf, wenn man sie verständlich erklärt und gesprächsbereit ist.

# TOUR 1

# NACH OBEN ZUR MACHT

LÄNGE 2,6 KM | AUFSTIEG 127 M | ABSTIEG 0 M

☞ *Diese Tour lässt sich gut mit einem Besuch der Staatsgalerie kombinieren.*

**START:** Stadtbahn-Haltestelle Staatsgalerie

**1.** Graf-Eberhard-Denkmal ·· **2.** Königin-Katharina-Stift ·· **3.** Alte Staatsgalerie ·· **4.** Neue Staatsgalerie ·· **5.** Galateabrunnen ·· **6.** Stuckhäuschen ·· **7.** Christuskirche ·· **8.** Albrecht-Goes-Platz ·· **9.** Staatsministerium

**ZIEL:** Stadtbahn-Haltestelle Payerstraße

Start
Staatsgalerie
Eugensplatz
Stafflenbergstraße
Bubenbad
Payerstraße
Ziel

## 1. Graf-Eberhard-Denkmal

Das Denkmal zeigt „Eberhard im Bart", so hieß der erste Herzog von Württemberg, der in Stuttgart residierte. Ein junger Hirte mit lockigen Haaren und einem Stab beschützt ihn. Seine Tasche und sein Hut liegen vor den Personen auf der Erde.

„Im Bart" ist ein Beiname, der hilft, die gemeinte Person von anderen Grafen mit Namen Eberhard zu unterscheiden. Nachnamen waren zu jener Zeit bei Herrschern nicht gebräuchlich. Graf Eberhard lebte im 15. Jahrhundert. Von ihm handelt ein Lied, das Justinus Kerner mehr als 300 Jahre nach dessen Tod gedichtet hat. In diesem Lied, das auch als die Landeshymne Württembergs bezeichnet wird, heißt es, dass der Herzog jedem Untertan vertrauen kann. Auf dieses Lied bezieht sich das Denkmal aus unglaublichen 2 000 kg Marmor.

Im Zweiten Weltkrieg wurde Stuttgart stark zerstört. Die Bombenangriffe fanden immer nachts statt. Alle Mütter, Kinder und alte Menschen saßen dann in den Kellern der Häuser oder in Bunkern. Am darauffolgenden Morgen versammelten sich die Überlebenden, die jemanden vermissten, am Denkmal für Graf Eberhard, hier fanden sich auch Ärzte ein, die den Verletzten halfen.

### KLEINES RÄTSEL

*In welcher Position ist der Graf gezeigt?*

☐☐☐■☐☐☐

## 2. Königin-Katharina-Stift

Die Württembergische Königin Katharina war eine Tochter des Zaren in Russland. Als sie nach Württemberg kam, herrschte hier großer Hunger. Viele Kinder bettelten an den Haustüren um Brot und mussten vor Hunger zum Teil sogar Sägespäne essen. Katharina taten die Kinder leid. Sie gründete Armenschulen und Kinderrettungsstationen, um zu helfen. Das Königin-Katharina-Stift, vor dem wir stehen, gründete sie aber für Kinder aus adeligen und reichen Familien. Es war ursprünglich eine reine Mädchenschule. Mädchen gingen 1818 in der Regel noch nicht zur Schule. Sie lernten, wenn die Eltern es sich leisten konnten, alleine daheim bei einem Hauslehrer. Im Katharinenstift lebten die Mädchen mit anderen Mädchen aus verschiedenen Ländern Europas zusammen. In den meisten Schulen dieser Zeit – auch denen für Jungen – wurden die Schüler bei Fehlern oft geschimpft und geschlagen. Katharina wollte eine Schule mit besserer Lernatmosphäre gründen: „Die Zöglinge und Schülerinnen sollen sich glücklich fühlen, ein freundlicher Ton soll herrschen". Die Schülerinnen hatten fünf Stunden Französisch in der Woche. Sie machten aber auch Gymnastik, was in der damaligen Zeit noch ein ganz neues und ungewöhnliches Schulfach war.

### KLEINES RÄTSEL

**Welcher Vogel, der als Symbol für Weisheit gilt, findet sich auf der Fassade?**

☐☐☐■

## 3. Alte Staatsgalerie

Den Ehemann der Königin Katharina, König Wilhelm I. von Württemberg, ist auf dem Denkmal vor der Alten Staatsgalerie zu sehen. Er hat diese Galerie als Kunstmuseum bauen lassen, dort war auch die königliche Kunstschule untergebracht.

Reiterstandbilder gibt es auf der ganzen Welt. Sie werden zu Ehren von Herrschern oder Kriegshelden aufgestellt, wohingegen Dichter oder Wissenschaftler auf Denkmälern meist stehen oder sitzen.

Schon vor fast 2 000 Jahren hat man Reiterstatuen angefertigt. Das Pferd steht immer auf einem Sockel. Das Reiterstandbild vor der Staatsgalerie besteht aus Bronze, einer Mischung aus Kupfer und Zinn. Der Sockel ist aus Stein.

## KLEINES RÄTSEL

**Schaut auf dem Schild:**
**Wo wurde der Sockel hergestellt?**

☐☐☐☐☐☐

Die Neue Staatsgalerie

## 4. Neue Staatsgalerie

An der Garage der Neuen Staatsgalerie kann man sehen, dass sie nicht ganz aus Stein ist. Es sieht so aus, als seien Steine aus der Mauer gebrochen. In Wirklichkeit aber ist die Neue Staatsgalerie aus Beton. Die Mauern sind lediglich in Streifen verkleidet. Das nennen Fachleute Verblendung. Die breiten Streifen sind aus Travertin aus Bad Cannstatt hergestellt. In der Nähe von heißen oder kalten Quellen hatte sich dort Kalk abgelagert. Dabei wurden Pflanzen eingeschlossen, die am Wasser wuchsen. In den Steinen lassen sich Abdrücke erkennen. Der Stein, aus dem die schmalen Streifen sind, entstand vor ca. 225 Millionen Jahren aus Sand. Der Sand wurde von großen Flüssen aus Richtung Norden nach Südwestdeutschland transportiert. Die Flussbetten füllten sich nach und nach ihm auf. Innerhalb von Millionen Jahren bildete sich daraus Stein.

## KLEINES RÄTSEL

*Wie heißt dieser Stein?*

☐☐☐☐☐☐☐☐☐

## 5. Galateabrunnen

Den Brunnen oberhalb der Eugensstaffel ließ die Württembergische Königin Olga aufstellen. Sie kam, wie Königin Katharina, aus Russland. Olga soll, heißt es, so schön gewesen sein wie die als Statue aufgestellte Galatea. Galatea ist in der griechischen Sage eine in einer Meereshöhle lebende Nymphe. Sie gehört zu den Nereiden, die auf Delphinen reiten, Menschen von untergehenden Schiffen retten und Seefahrer mit Spielen unterhalten. Die Nereide Galatea gefiel, so erzählt es die Geschichte, Polyphem, einem einäugigen Riesen. Er verliebte sich in sie. Galatea hatte aber schon einen Freund, er hieß Akis und war ein Schafhirte. Der einäugige Riese wurde eifersüchtig und tötete Akis. Galatea ließ daraufhin unter dem Stein, mit dem Akis erschlagen worden war, einen Fluss mit kaltem Wasser entspringen. Er wurde nach dem Geliebten benannt.

Bei unserem Stuttgarter Brunnen ist es immerhin ein schöner Wasserfall. Das Modell für Galatea auf dem Brunnen war natürlich

keine Nymphe. Der Künstler gestaltete sie nach einer Blumenverkäuferin aus Berlin. Der Galateabrunnen ist aber dennoch mit vielen Meereslebewesen und Widdern geschmückt.
Übrigens: Gegenüber in der Eisdiele gibt es immer wieder neue Eissorten.

## KLEINES RÄTSEL

**Wie heißt die Eisdiele?**

☐☐☐☐☐☐☐

Eisdiele am Eugensplatz

*Stadtbahn-Haltestelle Eugensplatz*

## 6. Stuckhäuschen

Oben an der Hillerstaffel steht ein 300-jähriges Häuschen, das an ein Hexenhäuschen erinnert. Dieses Haus war 200 Jahre lang Unterkunft für die Brandwächter. Sie mussten die Bewohner der Stadt mit einem lauten Knall alarmieren, wenn irgendwo in Stuttgart ein Feuer ausgebrochen war. Um das Jahr 1863 wurde das Häuschen um ein Stockwerk erhöht, damit man nun die Warnungen auch noch weiter entfernt hören konnte. Die Stadt war nämlich stark gewachsen. Mehr als 40 Mal hatten die Brandwächter bis dahin wegen Feuer Alarm schlagen müssen.

KLEINES RÄTSEL

*Mit was wurden die Warnschüsse vom Häuschen abgefeuert?*

☐■☐☐☐☐

## 7. Christuskirche

Die Christuskirche ist, anders als viele andere Kirchen, den ganzen Tag über geöffnet. In den meisten christlichen Kirchen hängt vorne am Altar ein Kruzifix. Es zeigt Jesus, den die Christen als Gottes Sohn verehren. Er hängt am Kreuz, weil er wie ein Verbrecher hingerichtet worden ist. Wer in die Kirche kommt, soll sehen, dass Jesus für die Menschen viel gelitten hat. In dieser Christuskirche hängt kein Kruzifix. Zwar ist auch hier Jesus über dem Altar zu sehen, aber die Künstlerin Ruth Speidel hat Jesus 1962 so gestaltet, dass er zu Gott, seinem Vater, in den Himmel hinauffährt.

KLEINES RÄTSEL

*Aus welchem Material ist die Jesusskulptur?*

☐☐■☐

## 8. Albrecht-Goes-Platz

Albrecht Goes war Pfarrer, als Pfarrer war er auch im Zweiten Weltkrieg tätig. Danach hat er Bücher darüber geschrieben und dafür geworben, dass Deutschland keine Armee mehr haben soll. Er war gegen die Gründung der Deutschen Bundeswehr. Auf dem Albrecht-Goes-Platz steht ein Brunnen, aus ihm können auch Tiere trinken.

## Kleines Rätsel

***Für welche Tiere ist wohl das kleine Schälchen gedacht?***

☐■☐☐☐☐☐☐☐

## 9. Staatsministerium

Die etwa 100 Jahre alte Villa Reitzenstein ist gut bewacht. Ursprünglich gehörte sie einer Baronin Helene von Reitzenstein, die sich dort sogar etwas damals Ultramodernes einbauen ließ: eine Zentralheizung! Sie hatte im Haus einen Musiksalon und eine große Bibliothek. Helene von Reitzenstein ließ einen Park mit künstlichen Teichen und einem Marmorpavillon gestalten. Heute ist in dem Gebäude das Staatsministerium untergebracht. Zur Verleihung des Europa-Preises werden jedes Jahr Schüler in die Villa eingeladen.

Der Ministerpräsident wohnt nicht in der Villa. Es ist seine Arbeitsstelle – und wer mag schon am Arbeitsplatz schlafen?

Von hier aus wird Baden-Württemberg regiert. Der Ministerpräsident ist der Chef der Landesregierung, also der Minister. Über der Villa Reitzenstein weht die Fahne des Bundeslandes.

## Kleines Rätsel

***Welche Tiere sind auf der Fahne zu sehen?***

■☐☐☐☐☐☐

## LÖSUNGSWÖRTER

liegend
Eule
Berlin
Sandstein
Pinguin
Kanone
Holz
Haushunde
Hirsche

## GROSSES RÄTSEL

**Welche Wohnlage ist in Stuttgart besonders schön und begehrt?**

HANGLAGE

# TOUR 2
# VON DER URZEIT IN DIE GEGENWART

LÄNGE 4,62 KM | AUFSTIEG 57 M | ABSTIEG 28 M

☞ *Diese Tour lässt sich mit einem Besuch des Naturkundemuseums am Löwentor (Urweltmuseum) verbinden.*

**START:** Stadtbahn-Haltestelle Löwentor

**1.** Löwentor ·· **2.** Hauerelefant ·· **3.** Plateosaurus ·· **4.** Deportationsstelle ·· **5.** Eichhörnchen ·· **6.** Zeppelingrab ·· **7.** Russische Kapelle ·· **8.** Bocciabahnen ·· **9.** Bahnhofsturm ·· **10.** Königsbalkon

**ZIEL:** Hauptbahnhof

Pragsattel
Sparrhämlingweg
Löwentorstraße
Löwentor
Start
Im Götzen
Löwentorbogen
Im Schwenkrain
Hildebrandstraße
Heilbronner Straße
Pragstraße
Rosensteintunnel
Löwentorstraße
Wartbergstraße
Volkerstraße
Löwentorbrücke
Stuttgart Nord
Nordbahnhof
Ehmannstraße
Rosensteinpark
Friedrich-Ebert-Straße
B 27
Presselstraße
Rosensteinstraße
Nordbahnhofstraße
Ehmannstraße
Steinbeisstraße
Stuttgart-Nord
Kleinstraße
Rümelinstraße
Rosensteinstraße
B 27
Pragfriedhof
Mönchhaldenstraße
Heilbronner Straße
Mönchstraße
Friedhofstraße
Cannstatter Straße
Neckarstraße
Stöckachstraße
Stadtbibliothek
Londoner Straße
Karl-Olga-Kra
Hackstraße
Stöckach
Osloer Straße
B 27
Landhausstraße
Werastraße
Spittlerstraße
Neckartor
Urbanstraße
Stuttgart Hbf
Mittlerer Schloßgarten
Wermershalde
Ziel
Urbanstraße
Ameisenbergstraße
Schützenstraße
Staatsgalerie
TOUR 2
Kronenstraße

## 1. Löwentor

Das Löwentor heißt so wegen des großen Löwen, der darauf steht. Entworfen hat ihn ein Italiener: Antonio Aloysius Petrus Isopi. Der kam 1807 mit 35 Jahren nach Stuttgart an den Königshof, denn er galt als Spezialist für Tierdarstellungen. Der Löwe auf dem Tor steht identisch auch vor dem neuen Schloss. Ein so großes Tier aus Metall herzustellen, war vor etwa 200 Jahren eine Sensation. Allein die Herstellung der Gussform, in die man das heiße, flüssige Eisen gießen konnte, benötigte 958 Arbeitstage.
Hinter dem Löwentor liegt ein sehr großer Park. Hier leben etwa 100 Hasen, so viele wie nirgendwo sonst in Deutschland auf ähnlich kleinem Gebiet. Oft kann man sie beobachten, besonders gut morgens und abends.

### KLEINES RÄTSEL

**Wie heißt der Park?**

☐☐☐☐☐☐☐☐■☐☐☐☐☐

## 2. Hauerelefant

Das Skelett dieses komischen Elefanten wurde 1976 beim Bau einer Autobahn ausgebuddelt. 18 Millionen Jahre ist es alt. Es handelt sich um einen Hauerelefanten, diese Tierart ist inzwischen ausgestorben. Schuld sind nicht die Menschen. Die gab es nämlich noch nicht, als die letzten dieser Elefanten lebten. Die Tiere, die sich von weichen Früchten und Blättern ernährt haben, sind wohl verhungert, als sich das Klima in Europa während einer Eiszeit verändert hat. Das Tier war schlanker als die heutigen Elefanten, hat im Verhältnis höhere Beine und einen ziemlich langen Hals. Auffällig ist aber, dass zwei lange Zähne nach unten statt nach vorne zeigen.

## KLEINES RÄTSEL

**Wie heißen diese Zähne?**

☐☐☐☐☐☐☐☐☐

### 3. Plateosaurus

Der Plateosaurus wird auch als Schwäbischer Lindwurm bezeichnet, weil er bei uns besonders oft gefunden wurde. In einem Steinbruch in Trossingen, zwischen Schwarzwald und Schwäbischer Alb, wurden Anfang des 20. Jahrhunderts von Kindern Knochen entdeckt und ihrem Lehrer übergeben. Der ahnte, dass diese etwas Besonderes sind, und verständigte den damaligen Chef des Naturkundemuseums in Stuttgart. Dieser fing vor Ort an, systematisch nach den Dinosaurierskeletten zu graben. Auch seine Nachfolger forschten weiter. Es wurden 35 vollständige Skelette gefunden. Man kann vermuten, dass die Dinosaurier also in Herden über die damals noch heiße und trockene schwäbische Wüste liefen.

## KLEINES RÄTSEL

**Welches Museum steht hinter den Sauriern?**

☐☐☐☐☐☐☐☐☐☐☐☐☐☐☐

☐☐ ☐☐☐☐☐☐☐☐

*Stadtbahn-Haltestelle Mittnachtstraße*

## 4. Deportationsstelle

Hier befindet ihr euch an einer geschichtlich traurig-bedeutenden Stelle: Auf den Gleisen am Nordbahnhof begann im Dritten Reich für über 2 000 Menschen eine Reise in den Tod. Es waren Menschen jüdischen Glaubens sowie Sinti und Roma, die man damals „Zigeuner" nannte. Die Nazis haben sie aus verschiedenen Gegenden Badens und Württembergs nach Stuttgart gebracht. Nur zehn der von Stuttgart mit dem Zug in Konzentrationslager gebrachten Menschen haben das Ende des Zweiten Weltkrieges und ihre Befreiung erlebt. Eine davon ist Inge Auerbacher. Sie war sieben, als sie mit ihren gläubigen jüdischen Eltern 1942 ins Konzentrationslager kam. Die Familie lebte schon viele Generationen lang in Deutschland.

Inge Auerbachers Leben im Konzentrationslager war ein Albtraum: Hunger, Angst und Krankheiten waren alltäglich. Ihre beste Freundin, Ruth, wurde vergast. Inge selbst hat überlebt, wohnt in den USA und hat über ihr Leben ein Kinderbuch geschrieben. Du findest den Titel auf der Informationstafel.

### KLEINES RÄTSEL

**Wie heißt das Kinderbuch?**

☐☐☐ ☐☐☐ ☐☐☐ ☐☐☐☐☐

## 5. Eichhörnchen

Auf dem Pragfriedhof leben viele sehr zutrauliche Eichhörnchen. Eichhörnchen gehören zu den Allesfressern: Sie verzehren Pflanzenteile wie Samen, Knospen, Beeren und Blüten von Bäumen, aber auch Insekten, Schnecken, junge Vögel und Vogeleier. Auf dem Friedhof können viele Eichhörnchen dicht beieinander leben, denn sie finden genug zu fressen. Viele Stuttgarter kommen regelmäßig auf den Friedhof und füttern die Tiere. Wenn ihr die Eichhörnchen füttern wollt, könnt ihr ihnen Haselnüsse, Walnüsse, Sonnenblumenkerne, Karottenstückchen, ungezuckerten Zwieback, Wassermelone, Apfelstücke, Weintrauben, Kastanien, Bucheckern oder Eicheln bringen. Beobachtet, wie die Eichhörnchen Nüsse knacken.

## KLEINES RÄTSEL

***Wie schaffen es die Eichhörnchen, die Nüsse zu knacken? Was nehmen sie dafür? Ihre:***

☐☐☐■☐☐☐☐☐☐☐☐☐

### 6. Zeppelingrab

Hier in diesem Grab wurde Graf von Zeppelin vor fast 100 Jahren begraben. Er war der Erfinder des Zeppelins. Heute kann man manchmal noch kleine Werbezeppeline am Himmel sehen. Ursprünglich dienten die Zeppeline aber zur Beförderung von Personen und Waren. Ihr Erfinder wurde zuerst für einen Spinner gehalten. Der deutsche Kaiser Wilhelm II. hat ihn als „von all den Süddeutschen den Dümmsten" bezeichnet; wenig später aber jubelten die Menschen dem Erfinder zu, wo immer er sich sehen ließ. Der Zeppelin galt als Riesensensation. Es wurden Tassen, Kaffeelöffel und unzählige andere Haushaltsgegenstände mit Zeppelinen oder dem schnurrbärtigen Gesicht ihres Erfinders verziert. Der Zeppelin galt als Zeichen des Fortschritts. Im November 1908 verlieh der erst skeptische Kaiser seinem Erfinder den „Schwarzen Adlerorden", die höchste damals zu vergebende Auszeichnung, und nannte ihn „den größten Deutschen des Jahrhunderts".

KLEINES RÄTSEL

***Wie hieß der Graf mit Vornamen?***

## 7. Russische Kapelle

Die Kapelle auf dem Pragfriedhof ist eine orthodoxe Kirche russischer Tradition. Die Gemeinde feiert in der Art, wie es in russischen Kirchen geschieht, aber im Allgemeinen wird dort Deutsch gesprochen und auch der Leiter der Gemeinde, Johannes Kassberger, ist Deutscher. Die Gottesdienste laufen aber ganz anders ab als in der evangelischen und katholischen Kirche. Keiner sitzt auf seinem Platz, schaut auf die Uhr und wartet, dass um 10 Uhr das Anfangslied gesungen wird, sondern die Besucher stehen. Sie kommen zu unterschiedlichen Zeiten, gehen auch nicht auf einmal – und gesungen wird fast ständig.

KLEINES RÄTSEL

***Welchem russischen Heiligen ist die Kapelle geweiht?***

*Stadtbahn-Haltestelle Pragfriedhof*

## 8. Bocciabahnen

Auf den roten Bahnen im Schlossgarten kann man Boccia spielen – oder anderen beim Spielen zusehen. Beim Boccia wirft man zuerst ein Zielkügelchen. Dann versuchen alle, dieser kleinen Kugel mit ihrer größeren Kugel mit einem Wurf möglichst nah zu kommen.

Man kann auch versuchen, schon liegende Kugeln wegzuschießen. Boccia spielen nicht nur Kinder. Das Spiel wurde in Deutschland populär, weil sogar der erste Bundeskanzler der Bundesrepublik Deutschland, Konrad Adenauer, in seinem Urlaub gerne Boccia spielte und die Menschen das in den Nachrichten gesehen haben.

## KLEINES RÄTSEL

**Aus welchem Land kommt wohl dieses Spiel?**

☐☐☐☐☐■☐

Stuttgarter Hauptbahnhof

## 9. Bahnhofsturm

Der Bahnhofsturm ist nicht aus Steinen, wie man zuerst denkt. Der ganze Hauptbahnhof wurde aus Beton gebaut und dann verkleidet. Der Turm steht auf 288 Pfählen aus Stahlbeton. Am Turm befindet sich eine Uhr mit einem Zifferblatt-Durchmesser von fünfeinhalb

Metern. Das ist mehr als die Länge eines üblichen Wohnwagens. Mit einem Aufzug kann man kostenlos auf den Bahnhofsturm fahren und hinuntersehen. In den Stockwerken des Turmes wird ein Bahnprojekt erklärt, das in Stuttgart gebaut wird.

KLEINES RÄTSEL

*Wie heißt das Bahnprojekt?*

☐☐☐☐☐■☐■☐ ☐☐

## 10. Königsbalkon

Im Bahnhof in die Schalterhalle hinein ragt ein Balkon. Der wurde nicht gebaut, um sich zu sonnen, denn schließlich hat die Halle ein Dach. Der Balkon war für den König gedacht. Der sollte hier stehen und vom Volk geehrt werden. Das passierte allerdings nie, denn ehe der Bahnhof fertig wurde, musste der König von Württemberg, Wilhelm II., abdanken und Deutschland bekam eine neue Staatsform. Die Monarchie, in der Wilhelm II. herrschte, wurde abgeschafft. Politiker wurden nun gewählt und trafen Entscheidungen im Parlament, die Regierenden wurden vom Volk bestimmt. In dieser Regierungsform leben wir hier in Deutschland auch heute.

KLEINES RÄTSEL

*Wie nennt man diese Regierungsform?*

☐☐☐☐☐☐☐☐☐■

## LÖSUNGSWÖRTER

Rosensteinpark
Stoßzähne
Naturkundemuseum am Löwentor
Ich bin ein Stern
Schneidezähne
Ferdinand
Alexander Nevskij
Italien
Stuttgart 21
Demokratie

## GROSSES RÄTSEL

Wie haben sich Reste von Urwelttieren bis heute erhalten?

VERSTEINERUNG

# TOUR 3
# WASSER FÜR JEDEN ZWECK

LÄNGE 4,18 KM | AUFSTIEG 51 M | ABSTIEG 55 M

☞ *Diese Tour lässt sich gut mit dem Besuch des Mineralbades Leuze oder des Naturkundemuseums Schloss Rosenstein kombinieren.*

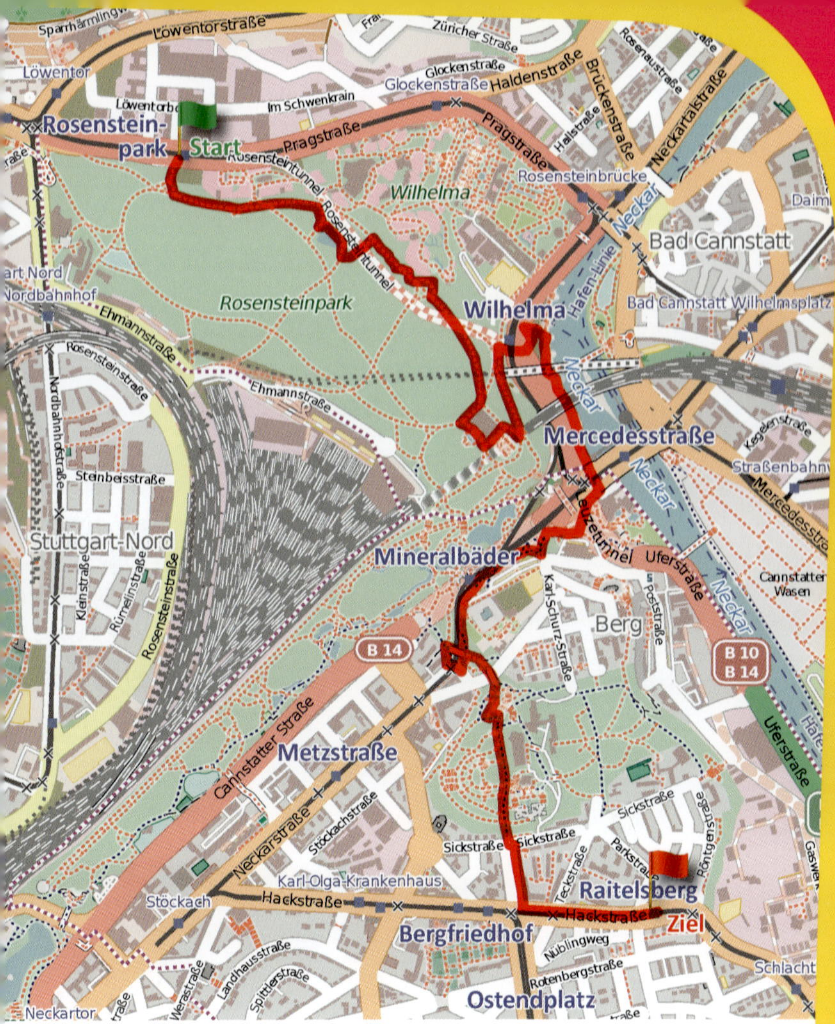


**START:** Stadtbahn-Haltestelle Rosensteinpark

**1.** Rosensteinpark ·· **2.** Schaubauernhof ·· **3.** Eine Hirschart aus Asien ·· **4.** Ein Wasserspeicher ·· **5.** Lamas und Co. ·· **6.** Corinna ·· **7.** Schloss Rosenstein ·· **8.** Schiffsanleger ·· **9.** Wasserkraftwerk Cannstatt ·· **10.** Heilwasser der Leuzequelle ·· **11.** Japangarten ·· **12.** Villa Berg

**ZIEL:** Stadtbahn-Haltestelle Raitelsberg

## 1. Rosensteinpark

Vom Rosensteinpark aus kannst du einige Bewohner der Wilhelma sehen. Ursprünglich lebten noch keine Tiere dort, sondern die Wilhelma war ein königlicher Park. Bis 1880 war das Lustwandeln im Garten nur der königlichen Familie und ihren Gästen erlaubt. Nach dem letzten Krieg wurde in der Wilhelma Gemüse für die Stuttgarter Krankenhäuser angebaut. Erst vor etwa 60 Jahren wurde der Garten zum Zoo. Von außen kannst du die Bisons sehen. Sie lebten in riesigen Herden in den USA. Die Indianer aßen ihr Fleisch, nähten Kleider, Decken und Zelte aus seinem Fell und heizten mit ihrem Mist. Mit dem Bau der Eisenbahn in Amerika wurden die Bisons fast ausgerottet.

### KLEINES RÄTSEL

**Was fressen Bisons?**

☐☐☐☐

*Ein Bison in der Wilhelma*

## 2. Schaubauernhof

Im Schaubauernhof der Wilhelma kann man Haustiere und ihre Vorfahren sehen: Kühe, Schweine und Ziegen sind in Europa die häufigsten Nutztiere. Die Trampeltiere aus der Familie der Kamele werden vor allem von den Menschen in Asien gehalten. Bevor es Lastwagen gab, wurden Kamele mit schweren Waren beladen, die sie trugen. Trampeltiere können mehrere Tage ohne Wasser auskommen und man kann mit ihnen auch durch Wüsten ziehen. An den Augen der Trampeltiere fallen die langen Wimpern auf. Sie verhindern, dass den Trampeltieren im Sandsturm Körner in die Augen fliegen. Um die Nase zu schützen, kann das Trampeltier sie sanddicht verschließen.

### KLEINES RÄTSEL

*Was speichern die Trampeltiere in den zwei Rückenhöckern?*

☐■☐☐

## 3. Eine Hirschart aus Asien

Die hübsch gepunkteten, rotbraunen Hirsche stammen ursprünglich aus Asien. Die ersten Tiere wurden aber schon vor 200 Jahren nach Stuttgart gebracht und im Wildpark an der Solitude gehalten. Sie sind an Menschen seit jeher gewöhnt und besuchen auch in ihrer Heimat gerne Dörfer, um auf angelegten Feldern etwas zu fressen zu finden. Anders als die bei uns heimischen Hirsche verstecken sie sich nicht während des Tages, sondern suchen nur in der Mittagszeit Ruhe im Schatten von Bäumen. Vormittags und nachmittags stehen sie am liebsten auf der Wiese und fressen Gras und Blätter.

## KLEINES RÄTSEL

**Wie heißt die mit unseren Hirschen verwandte Hirschart?**

☐☐☐☐☐☐■☐☐☐

### 4. Ein Wasserspeicher

Der See wurde von König Wilhelm I. als Wasserreserve für die Wilhelma angelegt. Er wollte dort exotische Pflanzen halten, die regelmäßig zu gießen waren. Der See ist drei Meter tief und versorgt noch heute die Tiere und Pflanzen der Wilhelma mit Wasser. Der Rosensteinpark wirkt wenig fremdländisch, aber es wachsen dort viele Baumarten aus anderen Regionen der Welt. Auf den Wiesen hinter dem See stehen alte Bäume alleine und in Gruppen. Das sieht ganz natürlich aus, war aber doch das Werk von Gärtnern. Der Oberhofgärtner des Königs, Johann Wilhelm Bosch, besuchte vor der Planung die schönsten Gärten in England und Schottland, und so bekam auch Württemberg einen Park im englischen Stil. Die meisten Bäume sind etwa 180 Jahre alt.

## KLEINES RÄTSEL

**Wie heißt der See (ein Hinweisschild dort hilft dir)?**

☐☐☐■☐☐☐

### 5. Lamas und Co.

Wenn du in die Gehege der Wilhelma schaust, entdeckst du Lamas, Alpakas, Nandus und Maras. Die Maras sonnen sich gerne auf der Wiese, wenn sie nicht gerade mit Fressen beschäftigt sind. Wenn sie sich bewegen, hoppeln sie wie Hasen. Sie werden daher auch Pampashasen genannt, sind aber mit unseren Feldhasen nicht verwandt. Sie gehören in die Familie der Meerschweinchen. Lamas und Alpakas sind Haustiere, Lamas tragen Lasten und lassen sich sehr gut zähmen. Alpakas wiederum haben eine sehr feine Wolle und werden geschoren. Man hält sie aber in der Regel in ihrer Heimat nicht in einem Stall, sie leben halbwild und suchen sich ihre Weiden selbst. Die Nandus sind Vögel, die nicht fliegen, dafür aber schnell rennen können. Bei den Nandus brüten nur die Väter auf den Eiern und ziehen die Jungen ohne die Mütter auf. In ihrer Heimat leben die Nandus im hohen Gras. Durch ihre langen Hälse können sie aber trotzdem Feinde von Weitem kommen sehen.

## KLEINES RÄTSEL

***Auf welchem Kontinent liegt die Heimat der Nandus, Alpakas und Maras?***

☐☐■☐☐☐☐☐☐☐

## 6. Corinna

Corinna lebt alleine in einem großen Gehege. Seit ihr Partner Anton im Februar 2014 gestorben ist, ist sie alleine. Anton hatte leider eine Jacke gefressen, die ein Besucher unachtsam ins Gehege hatte fallen lassen. Corinna sieht man bei warmem Wetter oft schwimmen. Sie ist im Wasser sehr schnell, denn sie hat Schwimmhäute an den Vorderpfoten. Das Tier mit weißem Fell und schwarzer Haut kühlt sich gerne im Wasser ab. In Corinnas Heimat ist es viel kälter als bei uns. Sie hat ein sehr dichtes Fell, das sie gut gegen Kälte isoliert. Besonders viel bewegt sie sich am frühen Morgen.

KLEINES RÄTSEL

*Zu welcher Tierart gehört Corinna?*

▢▢▢▢▢▢▢▢

## 7. Schloss Rosenstein

Das Schloss Rosenstein hat Ähnlichkeit mit einem römischen Tempel, also einem Haus, in dem vor etwa 2 000 Jahren Göttinnen und Götter verehrt wurden. König Wilhelm I., der das Schloss bauen ließ, glaubte nicht mehr an die alten Götter, aber der antike Baustil war wieder schick. An der Seite, in die die Sonne morgens scheint, zeigt der Giebel des Schlosses eine Darstellung des Sonnengottes Helios, an der Seite mit der Abendsonne die Mondgöttin Selene. Mythen erzählen, dass Selene ihren Geliebten in einen ewigen Schlaf versetzen ließ, damit er nie stürbe und sie ihn jeden Abend besuchen könne. Sie ist auf dem Relief auf einem Wagen mit zwei Pferden unterwegs zu ihrem Freund, der links neben seinem Hund liegt und schläft.

KLEINES RÄTSEL

*Was hält Selene in der Hand?*

▢▢▢▢▢▢

*Stadtbahn-Haltestelle Wilhelma*

Schloss Rosenstein

## 8. Schiffsanleger

Für Güter ist der Neckar ein wichtiger Transportweg. Über 8 000 Frachtschiffe sind im Jahr auf dem Neckar unterwegs. Die meisten haben Baumaterial, Salze oder Kohle geladen. Diese Waren werden am Handelshafen in Stuttgart ein- und ausgeladen. Hier bei der Wilhelma liegen nur Ausflugsschiffe, auf denen Feste gefeiert und Fahrten auf dem Fluss angeboten werden. Die Personenschifffahrt auf dem Neckar dient alleine der Unterhaltung. Mit Bussen oder S-Bahnen kommt man schneller und billiger ans Ziel. Schön ist eine Schifffahrt dennoch.

### KLEINES RÄTSEL

*Zu welchem Stuttgarter See kann man jeden Tag um 12:30 Uhr fahren?*

☐☐☐-☐☐☐☐☐-☐☐☐

## 9. Wasserkraftwerk Cannstatt

Der Strom für deinen Fön oder das Radio kommt zwar aus der Steckdose. Er muss davor aber in einem Kraftwerk hergestellt werden. Das Wasserkraftwerk nutzt die Kraft, die das Wasser hat, und wandelt sie in Strom. Die Maschinen hier am Neckar sind Tag für Tag in Betrieb, rund um die Uhr – außer in Ausnahmesituationen: wenn es wochenlang nicht geregnet hat oder bei Hochwasser. Das Wasserkraftwerk Cannstatt produziert Strom für 6 800 Menschen, das ist nur ein ganz kleiner Teil der Stuttgarter Bevölkerung.

### KLEINES RÄTSEL

*In welchem Jahr wurde das Kraftwerk gebaut (die Infotafel vor Ort hilft dir)?*

☐☐■☐☐☐☐☐☐☐☐☐☐☐☐ -
☐■☐☐☐☐☐

## 10. Heilwasser der Leuzequelle

Mineralwasser statt aus der Flasche direkt aus dem Brunnen kannst du auf dem großen Platz vor dem Eingang zum Mineralbad Leuze testen. Dort steht eine kreisförmig angeordnete Gruppe von fünf Becken aus rotem Granit mit Röhren aus Edelstahl, die die Form umgedrehter kleiner „l“s haben. Wenn du allerdings zu den Bechern greifst, kannst du deinen Durst nicht stillen. Sie haben keinen Boden. So musst du doch aus der Hand trinken. Das Wasser enthält viel Kohlensäure. Es schmeckt daher leicht sauer. Auch Mineralien haben sich unter der Erde im Wasser angereichert, als das Wasser innerhalb von 15 bis 20 Jahren unter Stuttgart hindurch nach Bad Cannstatt geflossen ist. Das Wasser kommt sommers wie winters mit derselben Temperatur aus der Erde.

## KLEINES RÄTSEL

***Wie viel Grad hat das Wasser ungefähr?***

☐☐☐☐☐☐■

*Stadtbahn-Haltestelle Mineralbäder*

## 11. Japangarten

Rechts hinter dem Steinei mit Loch liegt ein winziger Garten. Er ist in japanischer Tradition erbaut. In ihm wachsen weder Gemüsesorten noch eignet er sich besonders gut zum Spielen. Seine Bestimmung ist es, dass man sich dort entspannen und nachdenken kann. Besonders auffallend ist die Steinlaterne mit sieben Stockwerken. Solche Laternen sollen nicht hell sein und auch auf keinen Fall dem Mond Konkurrenz machen, aber ihr Licht erzeugt eine schöne Stimmung.
Eine Pflanze, die im Japanische Garten wächst, hat Stiele, die in verschiedene Abschnitte unterteilt sind. In der Philosophie der Japaner stehen diese Abschnitte für die Generationen, also für Urgroßeltern, Großeltern, Eltern, Kinder, Enkel.

## KLEINES RÄTSEL

***Wie heißt die gesuchte Pflanze?***

■☐☐☐☐☐

## 12. Villa Berg

Als Stuttgart noch kleiner war, lag an dieser Stelle ein Weinberg, von dem aus man toll in viele verschiedene Richtungen schauen konnte. König Karl I. von Württemberg ließ hier für seine Frau Olga und sich ein ziemlich großes Gebäude errichten, das er aber nicht als Schloss, sondern als Villa bezeichnete. Es sollte eben kein Haus sein, in dem er wie in einem Schloss als König arbeitet, sondern eher ein Haus zum Erholen – außerhalb der Stadt.

Vor der Villa steht ein dreischaliger Brunnen. Auf der untersten Schale thronen zwei Löwen und zwei Hirsche. Über der mittleren Schale gruppieren sich vier nackte Nymphen um Fische, Muscheln und Wasserschnecken. Sie haben gerade gebadet und sind dabei sich zu frisieren. Auf der obersten Schale steht ein nackter Junge. Er hat auf dem Kopf einen Krug, den er mit einer Hand festhält. Mit der anderen krault er ein Tier.

### KLEINES RÄTSEL

*Welches Tier wird gekrault?*

☐☐☐☐☐☐

## LÖSUNGSWÖRTER

Gras
Fett
Pumpsee
Axishirsche
Südamerika
Eisbären
Fackel
Max-Eyth-See
Neunzehnhundertdreißig
Zwanzig
Bambus
Schwan

## GROSSES RÄTSEL

**Wie heißen die Springbrunnen, die zwischen Rosenstein und Villa Berg liegen?**

☐☐☐☐☐☐ ☐☐☐☐☐☐☐☐

BERGER SPRUDLER

# TOUR 4
# EIN PARK ÜBER DER STADT

LÄNGE 3,52 KM | AUFSTIEG 32 M | ABSTIEG 106 M

☞ *Diese Tour lässt sich gut mit einer Fahrt mit dem Killesbergbähnle oder dem Besuch des Killesberg-Freibads kombinieren.*

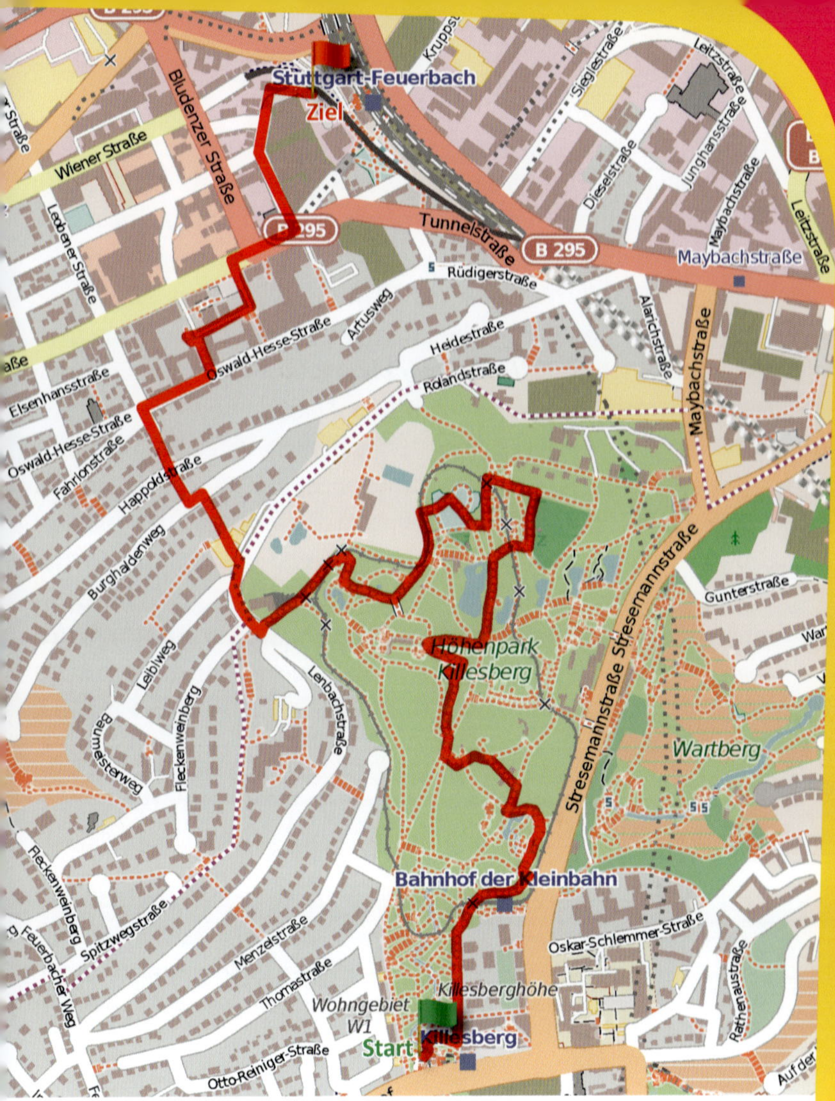


**START:** Stadtbahn-Haltestelle Killesberg

**1.** Kleinbahn ·· **2.** Aussichtsturm ·· **3.** Flamingos ·· **4.** Haustiergehege ·· **5.** Ponystall ·· **6.** Seerosenteich ·· **7.** Wasserspiele am Roserplatz ·· **8.** St. Maria Himmelfahrt ·· **9.** Tiefbunker und Kleinbunker ·· **10.** Winkelturm

**ZIEL:** Bahnhof Feuerbach

## 1. Kleinbahn

Ein Denkmal auf Rädern? Normalerweise stehen Denkmäler auf einem Platz und rühren sich nicht von der Stelle. Die Bahn, an deren Bahnhof du stehst, und ihre gesamte Anlage ist zum technisch-historischen Kulturdenkmal erklärt worden, die Bahn ist also ein fahrendes Denkmal. Betrieben wird die Bahn, die am Wochenende meist bei schönem Wetter von Dampfloks, an Wochentagen von Diesellokomotiven gezogen wird, vom Garten- und Friedhofsamt, denn die Gärtner dieses Amtes pflegen auch den Killesbergpark. Jeden Winter werden die Gleise untersucht und die Züge überprüft und, wenn nötig, repariert. Die Bahn fährt von April bis Oktober. Die Strecke durch den Park ist 2,3 Kilometer lang und die steilste Strecke in Deutschland. Nur ein echter Lokführer, der seine Prüfung nach dem Landesgesetz über Vergnügungsbahnen erfolgreich abgeschlossen hat, darf den Zug lenken. Neben Einzeltickets und Gruppentickets werden auch Tickets für Menschen verkauft, die oft mit dem Bähnchen fahren.

### KLEINES RÄTSEL

*Wie heißen diese Tickets?*

☐☐☐☐■☐☐☐☐☐☐☐☐

Killesbergbähnle

*Killesbergturm*

## 2. Aussichtsturm

348 Treppenstufen führen auf den Killesbergturm. Auf allen Stufen finden sich Plaketten aus Metall. Als der Turm gebaut wurde, suchte der Verschönerungsverein Spender, denn der Turm war teuer. Wer genügend spendete, bekam eine eigene Stufe mit seinem Namen. Den Verschönerungsverein gibt es in Stuttgart schon seit 150 Jahren und der Killesbergturm war nicht der erste von dem Verein errichtete Aussichtsturm. Neben Türmen ließ der Verein auch Parkanlagen anlegen, Brunnen, Schutzhütten im Wald, Bänke für Wanderer bauen und alte Häuser restaurieren.

## KLEINES RÄTSEL

*Wie heißt der Spender der ersten Stufe?*

☐☐☐■☐☐

## 3. Flamingos

Flamingos haben auffallend lange Beine. Das ist für sie praktisch, denn sie sammeln ihre Nahrung im Wasser und können auf langen Beinen auch in tieferen Teichen waten, ohne nass zu werden. Sie stehen gerne auf einem dieser langen Beine. Mal ruhen sie auf dem rechten, mal auf dem linken. Es bleibt auch Wissenschaftlern ein Rätsel, warum sie das tun. Es gibt zwei Thesen: Zum einen könnte es sein, dass sie ungern frieren und deswegen immer wieder ein Bein trocknen lassen. Zum anderen wollen sie vielleicht auch verhindern, dass sich Krankheitskeime, die sich nur im Feuchten vermehren, an ihren Beinen ansiedeln. Wenn abwechselnd ein Bein wieder trocknen kann, bleibt der Flamingo vielleicht eher gesund.

Flamingos im Killesbergpark

## KLEINES RÄTSEL

**Welche Farbe haben die Flamingos?**

☐☐■☐

## 4. Haustiergehege

In diesem Gehege leben verschiedene Haustiere: Schweine, Ziegen, Hühner, Lamas. Es gibt einen kleinen Automaten, an dem man Futter für die Tiere kaufen kann. Sie sollen nämlich nicht von Parkbesuchern mitgebrachte Süßigkeiten essen, die sie nicht vertragen. Wenn die Tiere Lust haben, kommen sie an das Gatter, sie haben aber auch viel Platz, um sich zurückzuziehen. Die Schafe, die auf dem Killesberg leben, müssen nicht, wie andere Schafrassen, geschoren werden. Sie werfen ihr Winterfell ab. Das Abwerfen erfolgt ab Anfang April und kann sich bis in den Juli hineinziehen. Es sind sehr urtümliche Schafe, die den Wildschafen noch relativ ähnlich sind.

## KLEINES RÄTSEL

**Wie heißt die Rasse?**

☐☐☐☐-☐☐☐☐■☐

## 5. Ponystall

Auf dem Killesberg gibt neben dem großen Spielplatz einen Stall für Ponys. Das Shetland-Pony stammt von den Shetlandinseln, die vor der Nordküste Schottlands liegen. Auf den Inseln fällt im Winter selten Schnee, aber es regnet das ganze Jahr über viel. Dafür sind die kleinen Pferde gut ausgerüstet und brauchen keinen Stall.

Nur die oberen Haare ihres dichten Fells werden bei Regen nass. Die kürzeren darunter bleiben warm und weich und trocken. Die Ponyrasse lebte fast 2000 Jahre völlig isoliert, bis im 19. Jahrhundert erstmals Tiere auf das Festland gebracht wurden. Shetland-Ponys sind gemessen an ihrem eigenen Gewicht die stärksten Pferde der Welt. In der Regel können Shetland-Ponys bis zu 60 kg tragen. Als in Großbritannien ein Verbot erlassen wurde, dass man keine Kinder mehr in Bergwerken arbeiten lassen darf, mussten fortan die niedrigen Pferde statt der Kinder unter Tage schuften.

## KLEINES RÄTSEL

*Wie heißt das Lokal neben dem Ponystall?*

☐☐☐☐■☐☐☐

### 6. Seerosenteich

Auf dem oft sonnenbeschienenen Seerosenteich siehst du das ganze Jahr über – außer im Winter – die Schwimmblätter der Seerosen. Sie liegen flach auf der Wasseroberfläche. Gelbe Blätter sind kein Zeichen, dass es Herbst wird. Ein Seerosenblatt bleibt nur ca. 6 bis 8 Wochen grün. Nach dieser Zeit wird das Blatt gelb und stirbt ab. Die Spaltöffnungen auf der Blattoberseite nehmen Sauerstoff aus der Luft auf und leiten ihn durch die Stiele in die Wurzeln. Die Blattunterseite ist besetzt mit den Hydropoten, was übersetzt „Wassertrinker“ heißt. Sie dienen zur Aufnahme von Wasser und Mineralnährstoffen. Die Blüten sind tagsüber offen, nachts schließen sie sich. Sie verblühen in weniger als einer Woche. Das Tal der Rosen, in das du hinuntersiehst und in dem neben Seerosen auch andere Rosen blühen, war nicht immer ein Park.

## KLEINES RÄTSEL

*Wozu diente das Tal früher?*

☐☐☐■☐☐☐☐☐☐

Wasserspiele im Killesbergpark

### 7. Wasserspiele am Roserplatz

Dieser Platz ist benannt nach der ehemaligen Lederfabrik C.F. Roser. Hier wurden Lederstreifen für für Flecht- und Riemensandalen und Lederschuhsohlen hergestellt. Roser produzierte außerdem Leder für Fahrradsattel und Autopolster. Bevor es die leichteren Schulranzen aus Kunststoff gab, hatten fast alle Kinder einen Schultornister aus Leder. Das Leder dafür wurde hier aus Rinderhäuten hergestellt. Im Zweiten Weltkrieg begann die Fabrik auch Kunstleder zu produzieren.

Die Wasserspiele auf dem Roserplatz zeigen zwei der wichtigsten Aufgaben von Maschinen: etwas anzutreiben, wie ein Wasserrad, oder etwas nach oben zu transportieren, wie die Förderschraube.

## KLEINES RÄTSEL

**Was kannst du mit der Schraube durch Kurbeln nach oben steigen lassen?**

☐☐☐☐■☐

### 8. St. Maria Himmelfahrt

Die Kirche St. Maria Himmelfahrt ist in den 1990er-Jahren hier zwischen Industriebetrieben gebaut worden. Sie ist also deutlich jünger als sie aussieht, und sie ist auch nicht aus Stein gebaut, sondern aus Stahl und Beton. Der Architekt und die Künstler, die den Innenraum gestaltet haben, wollten die Kirche aber absichtlich so aussehen lassen, wie Kirchen vor 300 Jahren ausgesehen haben. Das entsprach den Wünschen der Besitzer der Kirche. Sie nennen sich Piusbruderschaft und feiern traditionelle Gottesdienste auf Latein. Die Mitglieder der Kirche sind sehr konservativ. Mädchen müssen Röcke tragen, Jungen dürfen keine Turnschuhe anziehen, Fernsehen ist strikt untersagt, Rock- und Popmusik tabu. Die Piusbruderschaft ist fest davon überzeugt, dass nur der katholische Glaube richtig ist. Der Islam, das evangelische Christentum und das Judentum sind für sie falsche Lehren.
Der Baustil der Kirche nennt sich Barock. Um zu zeigen, dass die Kirche nachgemachtes Barock ist, setzen Kunstgeschichtler drei Buchstaben davor.

## KLEINES RÄTSEL

*Wie nennt man den Stil der Kirche?*

□□□□□□□■□

## 9. Tiefbunker und Kleinbunker

Das rote Gebäude ist der Eingang zu einem Tiefbunker unter der Erde. Dieses Bauwerk erinnert an die Zeit des Zweiten Weltkriegs, als auch in Stuttgart die Familien vor von Flugzeugen abgeworfenen Bomben Schutz suchen mussten. Noch zehn Jahre nach dem Krieg gab es in Stuttgart zu wenige Häuser. 24 Kinder, die im Krieg nach Stuttgart geflohen waren, lebten mit ihren Familien immer noch ohne Fenster im Untergrund. Bis 1960 wohnten dann Italiener im Bunker, die Arbeit bei der Firma Bosch gefunden hatten. Der eine kleine Bunker vor dem roten Haus, der die runde Form einer Litfasssäule hat, ist ein „Behelfsmäßiger Schutzraum für Einzelpersonen“ – BSE. Solche Schutzräume, die man auch Einmannbunker nennt, wurden im Krieg an Bahnhöfen und auf Firmengeländen aufgebaut, falls plötzlich ein Luftangriff stattfand. Ein dritter Schutzraum steht hinter dem Tiefbunkereingang.

## KLEINES RÄTSEL

*Wie wird dieser Bunker genannt?*

□□□□■■□□□□□□□□-
□□□□□

## 10. Winkelturm

Der Konstrukteur Leo Winkel entwickelte einen Luftschutzturm, der sehr an eine Zigarre erinnert. Im Zweiten Weltkrieg wurden über Stuttgart und anderen Städten Bomben von Flugzeugen aus der Luft abgeworfen. Die Idee bei der Zigarrenform des Winkelturms war, dass die Bomben durch die Ziegelspitze abgeleitet werden und erst am Fuße des Bunkers detonieren. Die Wände sind unten so dick, dass sie auch bei einer Bombenexplosion Stand halten sollten. Hierzu sind die Wände am Fuß massiv verstärkt worden. Wenn Flugzeuge nahten, heulten in der Stadt die Sirenen auf und die Menschen flüchteten in die Bunker. Gleichzeitig wurde die Stadt mit Chemikalien vernebelt, in der Hoffnung, dass die Soldaten in den Kriegsflugzeugen Stuttgart nicht sehen und beschießen könnten.

### KLEINES RÄTSEL

**Aus welchem Material besteht der Turm?**

☐☐☐☐■☐☐☐☐☐

Achtung! Bahnübergängle!

## LÖSUNGSWÖRTER

Jahrestickets
Konrad
rosa
Soay-Schafe
Milchbar
Steinbruch
Wasser
Neobarock
Splitterschutzzelle
Stahlbeton

## GROSSES RÄTSEL

Wie wird die Veranstaltung genannt, die jedes Jahr den Killesbergpark mit Kerzen erleuchtet?

□□□□□□□□□□□

LICHTERFEST

# TOUR 5
# STUTTGARTER TECHNIKGESCHICHTE

LÄNGE 4,8 KM | AUFSTIEG 73 M | ABSTIEG 48 M

☞ *Diese Tour lässt sich gut mit dem Besuch der Minigolfanlage am Kurpark, dem Besuch des Kurbads Bad Cannstatt oder Skaten im Travertinpark verbinden.*

**START:** Stadtbahn-Haltestelle Gnesener Straße

**1.** Pavillon im Kurpark ·· **2.** Gottlieb Daimlers Gartenhaus ·· **3.** Kursaal ·· **4.** Wilhelmsbrunnen und Daimlerquelle ·· **5.** Geschenke ·· **6.** Kunst von Schülern ·· **7.** Quelltopf ·· **8.** Kraftwerk Münster ·· **9.** Kranbahn **10.** Steinbruch Haas ·· **11.** Zuckerfabrik

**ZIEL:** Stadtbahn-Haltestelle Bottroper Straße

## 1. Pavillon im Kurpark

Heute ist Bad Cannstatt ein Stadtteil von Stuttgart, in dem es viele Fabriken gibt. Berühmt wurde Bad Cannstatt aber ursprünglich als Erholungsort. Gäste kamen um in Bad Cannstatt das Mineralwasser zu trinken und gesund zu bleiben oder zu werden. Für die meist reichen Gäste wurde zur Unterhaltung der Kurpark angelegt – in dem fast jeden Tag auch Konzerte stattfanden. Damit die Musiker weder nass wurden, noch einen Sonnenstich bekamen, wurde aus Eisen der Pavillon erbaut. Das Gitter ist geschmiedet. Es zeigt Blätter und Früchte eines bekannten Baumes.

KLEINES RÄTSEL

*Wie heißt der Baum?*

☐ ■ ☐ ☐ ☐ ☐ ☐ ☐ ☐ ☐ ☐ ☐ ☐

## 2. Gottlieb Daimlers Gartenhaus

Gottlieb Daimler zog, als er es sich leisten konnte, von Schorndorf in die Nähe der Heilquellen nach Bad Cannstatt. Zusammen mit Wilhelm Maybach tüftelte er in seinem Gartenhaus an der Weiterentwicklung des Motors. Sie grübelten und probierten gemeinsam, was man mit dem Motor antreiben könnte. Sie erfanden das Motorrad und nannten es Reitwagen. Du kannst es dir in dem Gartenhaus ansehen – notfalls nur durch die Fenster, falls die Gedächtnisstätte geschlossen ist. Gottlieb Daimlers Sohn durfte den Reitwagen als Erster ausprobieren. Er fuhr mit dem ersten Motorrad der Welt vom Gartenhaus der Eltern nach Untertürkheim. Der Reitwagen fuhr noch nicht mit Benzin. Im Gartenhaus steht ein Behälter für den damals verwendeten Treibstoff.

## KLEINES RÄTSEL

***Wie heißt der Treibstoff?***

*Gottlieb Daimlers Gartenhaus*

## 3. Kursaal

König Wilhelm I. ist auf dem Denkmal vor dem Kursaal auf einem Pferd zu sehen. Als die Trinkhalle für die Kurgäste durch ihn eröffnet wurde, war das Pferd auch noch das übliche Verkehrsmittel, doch schon einige Jahre später fuhr von hier aus die erste Straßenbahn der Welt mit Verbrennungsmotor los. Gleise und Betriebsanlagen ließ Gottlieb Daimler 1887 auf eigene Kosten errichten. Die Spur war deutlich schmaler als heute. In den zwei Waggons saßen sich die Fahrgäste gegenüber. Die Bahn war eine Riesenattraktion, denn bisher kannten die Menschen in Stuttgart nur von Pferden gezogene Straßenbahnen. Gottlieb Daimlers Straßenbahnidee konnte sich allerdings nicht durchsetzen. Sechs Jahre vor seiner Erfindung einer Straßenbahn mit Benzinmotor, war in Berlin eine andere Straßenbahn erfunden worden – und die setzte sich auch in Stuttgart durch.

## KLEINES RÄTSEL

*Mit was werden heute Straßenbahnen betrieben?*

☐■☐☐☐☐☐☐☐☐☐☐

### 4. Wilhelmsbrunnen und Daimlerquelle

Hinter dem Kursaal liegen zwei Brunnen, aus denen du trinken kannst. Beide Mineralwasser können bei der Heilung von Krankheiten helfen. Man sollte aus ihnen aber nicht jeden Tag trinken. Die Wasser der beiden Brunnen schmecken sehr verschieden, denn sie stammen aus unterschiedlich Tiefen unter der Erde. Aus dem tieferen Brunnen kommt die Natrium-Calcium-Chlorid-Sole. Das Wasser schmeckt sehr salzig, aber es kann zum Beispiel gegen Entzündungen im Mund helfen. Das Wasser des weniger tiefen Brunnens ist ein Mineral-Säuerling. Den Namen kannst du dir schon nach dem ersten Schluck erklären. Das Wasser enthält sehr viel Kohlensäure. Es soll helfen bei Problemen mit Magen, Darm, Niere und Blase.

## KLEINES RÄTSEL

*Kannst du am Geschmack erkennen, aus welcher Quelle die Sole kommt?*

☐☐☐☐☐☐☐■☐☐☐☐☐

## 5. Geschenke

Vor der Methodistenkirche steht eine bei Regen geschlossene aber sonst geöffnete Truhe mit Fächern. In sie kannst du Gegenstände stellen und legen, die du nicht mehr brauchst, zum Beispiel zu klein gewordene Socken oder das Kindergeschirr, für das du zu alt geworden bist. Wenn du etwas nicht mehr brauchst, was zu groß ist, um es in den Schrank zu stellen, zum Beispiel dein altes Kinderbett, dann kannst du das Angebot an eine Pinnwand heften. Du darfst dir im Tausch aus dem Schrank Dinge nehmen, die dir gefallen oder die du brauchen kannst. Natürlich ist es nicht erwünscht, dass man Sachen aus dem öffentlichen Schrank nimmt, um sie zu verkaufen. Es sind Geschenke.

### KLEINES RÄTSEL

*Wie wird diese Art von Truhe genannt?*

□□□■-□□□

## 6. Kunst von Schülern

Am Ende des Parks, gegenüber des Johannes-Kepler-Gymnasiums befindet sich ein Spielplatz, dessen Wände Schülerinnen und Schüler gestaltet haben. Die Wände sind gefliest, die Kacheln wurden von Schülerinnen und Schülern beschrieben und bemalt. Viele Sprüche sind auf Deutsch, etwa: „Wer Schmetterlinge lachen hört, weiß wie Wolken schmecken".

## KLEINES RÄTSEL

**In welcher Sprache sind die Kacheln verfasst, die unter denen mit dem roten Herz und dem Satz „Die Liebe beginnt mit den Augen" zu finden sind?**

Am Spielplatz an der Wildbader Straße

### 7. Quelltopf

Der Quelltopf am Vereinsschwimmbad ist die einzige natürliche Quelle in Stuttgart, an der das Wasser aus dem Boden austritt. Die Quelle kann man vom Park aus nicht sehen. Sie befindet sich neben dem Schwimmbad hinter einem Gitter. Doch auch im Bachbett liegen, wo sich die Quelle zu einem Teich verbreitert, Wasseraustritte. Schau genau hin. Du siehst an vielen Stellen Bläschen aufsteigen. Das Wasser hat immer eine Temperatur zwischen 16 und

18 Grad und ist sehr sauber. Du kannst den Grund gut sehen. Jeden Tag kommen 3 Millionen Liter Wasser aus der Quelle. Ein Teil wird in die Wilhelma und ins Mineralbad Leuze geleitet, ein Teil füllt die Becken des Vereinsbades.

## KLEINES RÄTSEL

*Wie heißt die Quelle?*

☐☐☐☐☐☐☐☐☐☐■☐☐

## 8. Kraftwerk Münster

Beim Überqueren des Neckars siehst du einen 180 Meter hohen Schornstein. Er gehört zum Kraftwerk Münster, einer Müllverbrennungsanlage, in der die Abfälle der Menschen, die in Stuttgart und anderen Landkreisen in Baden-Württemberg leben, verbrannt werden. Dem Müll wird, damit er besser brennt, oft Gas und im Winter Kohle beigemischt, denn er muss bei mindestens 850°C brennen, damit nicht zu viel Abgase entstehen. Etwa ein Fünftel des Mülls bleibt am Ende auf dem Brennrost übrig. Diese Schlacke setzt man als Schotter ein, wenn Straßen gebaut werden. Giftige Reste, die in Filtern hängen bleiben, werden in ein stillgelegtes Salzbergwerk gebracht. Im Jahr werden etwa 400 000 Tonnen Müll verbrannt. Nur, damit du dir die Menge vorstellen kannst: 400 000 Tonnen entspricht in etwa dem Gewicht eines leeren Güterzugs, der von Stuttgart bis Heidelberg reicht. Das Kraftwerk erzeugt aus der Verbrennung Strom, und im Winter können viele Haushalte der Umgebung mit Wärme aus dem Kraftwerk heizen.

## KLEINES RÄTSEL

*Wie nennt man diese Art von Heizung?*

☐☐☐☐■☐☐☐☐

Müllheizkraftwerk Münster

## 9. Kranbahn

Nachdem du an einem Kletter- und Skatergelände vorbeigekommen bist, stehst du in dem Gelände eines zugeschütteten Steinbruchs. Hier wird gezeigt, wie früher Sauerwasserkalk zum Bau von Häusern und Weinbergmauern gebrochen und bearbeitet wurde. Weithin sichtbar ist die große Kranbahn, die einst zum Transport der Steine benutzt wurde. Auch eine Kreissäge, die Steine durchsägen konnte, ist zu sehen. Sauerwasserkalk ist ein Stein, der vergleichsweise schnell entsteht. Er braucht gerade einmal 30 000 Jahre – für einen Stein ist das kein Alter. Er kommt in Bad Cannstatt wegen des Mineralwassers vor. Mineralwasser beinhaltet neben Kohlensäure große Mengen an gelöstem Kalk, Gips und Steinsalz. Sobald es an die Oberfläche tritt, verdunstet die Kohlensäure, die gelösten Feststoffe lagern sich als winzig kleine Kristalle in übereinanderliegenden Schichten ab. Du siehst, dass der Stein deswegen gestreift und wolkig aussieht.

KLEINES RÄTSEL

*Welchen anderen Namen gibt es für Sauerwasserkalk?*

□□□□■□□□□

## 10. Steinbruch Haas

Bei diesem Steinbruch haben sich die Menschen schon lange aufgehalten. Man fand hier eine etwa 250 000 bis 300 000 Jahre alte, zweieinhalb Meter lange und drei Zentimeter dicke Holzlanze. Mit ihr hat ein Vorfahr des Menschen, der Homo Erectus, Tiere gejagt. Man hat auch Reste von längst ausgestorbenen Waldelefanten gefunden, die sich im Stein erhalten haben. Diese Tiere waren größer als die heute noch in Afrika lebenden Steppenelefanten. Sie hatten bis zu drei Meter lange Stoßzähne. Heute leben in dem Steinbruch vier Fledermaus- und sieben Heuschreckenarten sowie 23 Brutvögel und 44 Bienenarten. Außerdem kannst du kleine Reptilien, die sich auf den Steinen sonnen, beobachten.

KLEINES RÄTSEL

*Wie heißen die Reptilien?*

□□□□□□■□□

## 11. Zuckerfabrik

Die Zuckerfabrik wurde vor über 100 Jahren gebaut. Damals gab es in Stuttgart einige große Schokoladenfabriken. Und für die Herstellung von Schokolade braucht man auch viel Zucker. Der Zucker wurde aus Rüben hergestellt. Zuckerrüben haben einen Zuckergehalt von 18 bis 20 Prozent und sie gedeihen in Deutschland bei geeignetem Boden gut – allerdings nie zwei Jahre hintereinander auf demselben Acker. In einer Zuckerfabrik werden die Rüben so verarbeitet, dass daraus Kristallzucker entsteht, den man in Wasser auflösen kann. Die Zuckerfabrik hier wurde schon vor 40 Jahren geschlossen, aber immer noch wird in anderen Fabriken aus Rüben Zucker gemacht. Der meiste Zucker auf der Welt wird allerdings aus einer anderen Pflanze gewonnen, die bei uns nicht wächst.

### KLEINES RÄTSEL

**Wie heißt diese Pflanze?**

☐☐☐☐☐☐☐☐☐☐

*Kranbahn im Travertinpark*

## LÖSUNGSWÖRTER

Kastanienbaum
Petroleum
Elektrizität
Daimlerquelle
Give-Box
Türkisch
Mombachquelle
Fernwärme
Travertin
Eidechsen
Zuckerrohr

## GROSSES RÄTSEL

Was gibt es in Bad Cannstatt reichlich?

QUELLWASSER

# TOUR 6
# WALD UND WIESE

LÄNGE 4,35 KM | AUFSTIEG 175 M | ABSTIEG 27 M

☞ *Diese Tour lässt sich gut mit einer Seilbahnfahrt zum Waldfriedhof verbinden.*

**START:** Stadtbahn-Haltestelle Südheimer Platz

**1.** Südheimer Platz ·· **2.** Standseilbahn ·· **3.** Aufschluss ·· **4.** Frischluft für Stuttgart ·· **5.** Baumarten ·· **6.** Wandermarkierungen ·· **7.** Hochwasserschutz ·· **8.** Schwälbesklinge ·· **9.** Streuobstwiesen ·· **10.** Streuobstwiesenlehrpfad – Vögel ·· **11.** Blick auf den Monte Scherbelino

**ZIEL:** Stadtbahn-Haltestelle Peregrinastraße

## 1. Südheimer Platz

Am Südheimer Platz steht ein großes Haus mit Fachwerktürmchen. Es war früher das Vereinsheim des ältesten Vereins in Stuttgart, des Schützenvereins. In Stuttgart konnte man schon zu dem Zeitpunkt, als das Haus gebaut wurde, nur noch wenig Tiere jagen, aber die Vereinsmitglieder übten dennoch hier das Schießen. Heute ist in dem Haus ein Club untergebracht, in dem abends getanzt und gefeiert wird. Vor dem Gebäude befindet sich eine Statue. Ein Mann mit gekräuseltem Haar, das nach oben spitz zuläuft, und mit langen Ohrläppchen liegt auf seiner rechten Körperseite. Die religiöse Statue stammt aus Asien.

### KLEINES RÄTSEL

**Welche religiöse Figur wird dargestellt?**

☐☐☐☐☐☐

Vor dem alten Schützenhaus

*Der Fahrplan gibt Auskunft*

## 2. Standseilbahn

Alle 20 Minuten hast du die Gelegenheit, mit der Standseilbahn aus Holz zum Waldfriedhof hinauf zu fahren, dessen Gräber unter Bäumen liegen. Hier sind berühmte Stuttgarter begraben, zum Beispiel der erste Bundespräsident der Bundesrepublik Deutschland: Theodor Heuss. Aber auch 8 500 Stuttgarter Soldaten, die im Ersten Weltkrieg gestorben sind, liegen auf dem Friedhof.

Die Holzbahn wurde 1929 in Betrieb genommen. Bei ihrer Eröffnung war die Stuttgarter Seilbahn die einzige in Deutschland mit automatischer Steuerung: Die Wagenbegleiter drücken zur Abfahrt nur eine Taste, alles andere ging dann von alleine. Einst war die Seilbahn die schnellste des Landes und man konnte – welch Sensation – am ersten Automaten in Stuttgart die Fahrkarte lösen. Heute gilt auch hier dein Verbundticket.

### KLEINES RÄTSEL

*Schau auf die Uhr: Wie lange bist du unterwegs bis zur Endstation?*

## 3. Aufschluss

Links des Weges siehst du einen Aufschluss. So werden Stellen genannt, an denen man gut erkennen kann, aus welchen Steinschichten ein Berg besteht. Hier kannst du viele Streifen in verschiedenen Farben entdecken. Die hellgrauen Linien, die etwas hervorstehen, sind aus Dolomit, die anderen bunten Schichten aus Mergel. Früher hat man diesen Mergel abgebaut und dachte, man könnte mit ihm Böden düngen. In der Tat werden saure und sumpfige Böden durch Mergel erst einmal besser, aber der Mergel bringt keine Nährstoffe in den Boden. Bald ist der Boden „ausgemergelt", arm an Nahrung für Pflanzen. Diese Beobachtung hat dazu geführt, dass man heute jemanden, der durch viel Arbeit dünn geworden ist, als ausgemergelt bezeichnet.

### KLEINES RÄTSEL

*Wie nennt man die Wissenschaft, die versucht, den Aufbau der Erde zu erklären?*

☐☐☐☐☐☐☐☐

Der Weg führt durchs Grüne

## 4. Frischluft für Stuttgart

Stuttgart liegt in einem Kessel, das heißt, dass die Stadt umgeben ist von Hügeln. Das kann zu schlechter Luft führen, denn der Wind kann nur an wenigen Stellen frische Luft in die Stadt blasen. Das Tal, über das die Brücke der Bundesstraße 14 führt, ist für die Luft in der Stadt sehr wichtig. Es handelt sich um eine Frischluftschneise. Es dürfen keine weiteren Hochhäuser errichtet werden, die den Wind daran hindern könnten, in den Talkessel zu wehen.

### KLEINES RÄTSEL

***Wie heißt der Bach, der durch dieses Tal und – allerdings zumeist in Rohren – durch Stuttgart fließt?***

☐☐■☐☐☐■☐☐

## 5. Baumarten

Wenn du dem Wanderweg folgst, kommst du an eine Tafel, die dir zeigt, welche Baumarten rechts und links des Weges vorkommen. Ein Baum wächst auf beiden Seiten des Weges und man kann ihn an seiner grauen, recht glatten Rinde erkennen, die dort, wo einmal Äste abgefallen sind, Runzeln hat. Dieser Baum entwickelt etwa 2 cm lange Früchte, in deren pieksender Schale kleine Nüsschen liegen, die man Eckern nennt und die man geröstet essen kann. Allerdings nie mehr als eine Hand voll auf einmal, denn sie enthalten das Gift Blausäure. Nur Bäume, die mindestens 30 Jahre alt sind, produzieren diese Früchte, besonders viele in trockenen, warmen Sommern.

KLEINES RÄTSEL

**Wie heißt die Baumart?**

☐■■☐☐

## 6. Wandermarkierungen

An der Kreuzung folgst du einem an den Baum angemalten blauen Strich auf weißem Grund. Es hängt hier auch ein Wanderwegweiser, der angibt, wie weit es bis Sonnenberg, Möhringen und Musberg ist. Der Verein, der die Wanderwege ausschildert, ist schon 125 Jahre alt. Mit rund 110 000 Mitgliedern in 600 Ortsgruppen ist er heute der größte europäische Wanderverein. Der Verein organisiert gemeinsame Wanderungen und Feste und unterhält Hütten, auf denen man bei weiten Wanderungen etwas essen oder übernachten kann. Er lässt Wanderkarten drucken und markiert Wege. Die Wegtafeln sind etwas anders als die für Autofahrer: Der nächst gelegene Zielort steht oben und die entfernter gelegenen Orte dann darunter. Bei Schildern an Fahrstraßen ist das andersherum.

KLEINES RÄTSEL

**Wie heißt der Verein, der die Markierungen am Weg und die Schilder anbringt?**

☐☐☐■☐☐☐☐☐☐☐☐

☐☐☐☐☐☐☐☐☐

*Stadtbahn-Haltestelle Waldeck*

## 7. Hochwasserschutz

Der Damm, den du siehst, dient dem Hochwasserschutz. Wenn es nämlich in und um Stuttgart stark regnet oder hagelt, dann fließt durch verschiedene kleine Bäche viel Regenwasser gesammelt in die Stadt. Der kleine Bach, der in das Becken fließt, hat nicht einmal einen Namen, doch er kann gewaltig werden. In der tiefen Mulde soll bei Starkregen das Wasser gesammelt werden, bis der Regen nachgelassen hat und die Bäche wieder abschwellen. Danach wird das Wasser langsam wieder abgelassen. Dies tut man, um Hochwasser zu vermeiden. Schlimme Überschwemmungen sind in Stuttgart selten. Man rechnet damit, dass nur etwa alle 50 Jahre das Rückhaltebecken sich füllen wird. Das letzte große Hochwasser hat Stuttgart 1972 erlebt. Damals lag am Südheimer Platz, wo du losgelaufen bist, der Hagel an einem Tag im August zwei Meter hoch. Menschen mussten mit Gummibooten aus Tunnels gerettet werden.

### KLEINES RÄTSEL

*Wie nennt man künstlich geschaffene Becken wie dieses, das helfen soll, solche Katastrophen zu vermeiden?*

☐☐☐☐☐☐☐■☐☐☐☐☐☐☐

## 8. Schwälblesklinge

Die Schwälblesklinge schneidet ein tiefes Tal in den Hang. Entstanden ist diese Klinge in der Eiszeit, als die Region Stuttgart von Eis und Schnee bedeckt war. In dem Bach, der durch das Tal fließt, kannst du im Frühling die Larven einer Salamanderart beobachten. Bitte fange sie nicht. Die länglichen, langschwänzigen, braunen Tierchen mit dem breiten Kopf, abstehenden Kiemen und vier kleinen Beinchen sind nach dem Bundesnaturschutzgesetz eine besonders geschützte Art, auch wenn die Art nicht extrem gefährdet ist. Die erwachsenen Tiere kannst du im Tal am Besten in der Morgen- oder Abenddämmerung sehen. Sie leben an Land und verstecken sich tagsüber unter Laub. Sie haben eine viel auffallendere Farbe als die Kleinen. Sie sind leuchtend gelb mit schwarzen Flecken. Diese Art heißt unter Fachleuten Salamandra Salamandra.

## KLEINES RÄTSEL

***Wie lautet der deutsche Name?***

☐☐☐☐☐☐☐☐☐☐☐■☐☐☐

## 9. Streuobstwiesen

Auf der Wiese, an die du kommst, stehen „verstreut" hochstämmigen Bäume, die unterschiedliches Obst wie Äpfel, Birnen, Kirschen und Zwetschgen tragen. Solche Streuobstwiesen werden meist dort angelegt, wo der Boden für Getreide oder Gemüse zu unfruchtbar ist. In ihnen leben aber viele Insektenarten und es kommen viele unterschiedliche Gräser und Blumen vor. Die Wiese, vor der du stehst, gehört der Stadt. Das Obst brauchte man früher für die Patienten in den Krankenhäusern und für Kinderheime. Aus dem Obst der Streuobstwiesen wird heute meist Saft hergestellt, doch längst nicht jeder Saft, den du in und um Stuttgart kaufen kannst, stammt von einer Streuostwiese. Der wichtigste Lieferant für Apfelsaftkonzentrat ist China, größere Mengen kommen aber auch aus Polen, Russland, der Ukraine und Moldawien. Wenn man Saft aus unserer Region will, muss man beim Einkauf darauf achten, dass es sich um Saft von Streuobstwiesen handelt.

## KLEINES RÄTSEL

*Von welchen Tieren wird das Gras hier am Kressart abgeweidet?*

■□□□□□

### 10. Streuobstwiesenlehrpfad – Vögel

An der Streuobstwiese ist ein Lehrpfad angelegt. Hier kannst du erfahren, wie die Apfel-, Kirsch- und Zwetschgensorten heißen, welche Schmetterlinge auf der Wiese vorkommen, welche Geschichte sie hat und welche Vögel hier leben. Auf der Vogeltafel wird auch ein Vogel gezeigt, der auf dem Kopf, an den Flügel- und Schwanzfedern hellblaue Federn trägt. Das Gesicht aber ist weiß. Über die Augen verläuft ein schwarzer Strich. Im Mai kann man an den Nestern der Vögel laute Bettelrufe der bis zu zehn Jungen pro Nest hören. Nachdem die Kleinen ausfliegen, die noch nicht so farbenfroh sind wie die Eltern, bleibt die Familie noch etwa zwei Wochen zusammen.

## KLEINES RÄTSEL

*Wie heißt diese Vogelart?*

■□□□■□□□□

## 11. Blick auf den Monte Scherbelino

Wenn du von der Bank aus in Richtung Wald schaust, siehst du einen Hügel, der etwas höher ist als die anderen. Der höchste Berg im Stuttgarter Stadtgebiet heißt eigentlich Birkenkopf. Die Stuttgarter nennen ihn aber Monte Scherbelino. Auf ihm liegt der Trümmerschutt des Zweiten Weltkrieges. Alleine in der Nacht vom 12. auf den 13. September 1943 starben in Stuttgart fast 1 000 Menschen in der zerbombten, brennenden Stadt. Mehr als die Hälfte aller Wohnhäuser war nach dem Krieg zerstört. Manche Steine verwendete man wieder. Das Unbrauchbare wurde aus der Stadt geschoben. Heute ist der Birkenkopf ein Ausflugsziel, denn man kann wunderbar über die Stadt sehen. Gleichzeitig erinnert er an den Krieg.

### KLEINES RÄTSEL

*Unter anderem in welcher Sprache neben dem Portugiesischen und Spanischen kommt das Wort „Monte" vor, das Berg bedeutet?*

☐☐☐☐☐■☐☐☐☐☐

## LÖSUNGSWÖRTER

Buddha

Vier Minuten

Geologie

Nesenbach

Buche

Schwäbischer Albverein

Rückhaltebecken

Feuersalamander

Ziegen

Blaumeisen

Italienisch

## GROSSES RÄTSEL

Welche Baumart steht unter vielen anderen auch auf einer Streuobstwiese?

ZWETSCHGENBAUM

# TOUR 7
# MITTENDRIN

LÄNGE 3,8 KM | AUFSTIEG 33 M | ABSTIEG 22 M

☞ *Diese Tour lässt sich gut mit einem Besuch des Landesmuseums Württemberg, des Musikinstrumentenmuseums oder des Spielzeugmuseums verbinden.*

**START:** Stadtbahn-Haltestelle Österreichischer Platz ..................

**1.** Hollywoodschaukel ·· **2.** Wasserspielplatz ·· **3.** Graf-Eberhard-Bau mit Merkurbrunnen ·· **4.** Geißstraße ·· **5.** Narren-Relief ··

**6.** Rathaus mit Paternoster ·· **7.** Sieben-Schwaben-Relief ·· **8.** Markthalle ·· **9.** Stiftergräber in der Stiftskirche ·· **10.** Grafenstandbilder in der Stiftskirche ·· **11.** Dichterdenkmal ·· **12.** Altes Schloss ·· **13.** Schlossplatz mit Neuem Schloss ·· **14.** Häberle und Pfleiderer ·· **15.** Stadtgarten mit Taubenhaus ·· **16.** Wippe mit Gewichten ·· **17.** Hoppenlaufriedhof mit jüdischen Gräbern

**ZIEL:** Stadtbahn-Haltestelle Rosenberg-Seidenstraße ....................

## 1. Hollywoodschaukel

Wenn ihr aus der Haltestelle kommt und durch den Innenhof des Hauses Gerberstraße 26 nach rechts abbiegt, kommt ihr an einer großen Hollywoodschaukel für Kinder und Erwachsene vorbei. Die Schaukelbänke für zwei oder mehr Personen, die oft auch Polster und ein Dach haben, kommen nicht aus Hollywood, sondern ursprünglich aus England, aber die deutschen Gartenbesitzer kannten sie aus Spielfilmen aus den Filmstudios in Hollywood. In den 50er- und 60er-Jahren wurden sie in Deutschland zu einem Symbol für Sonne, Luxus und Urlaub. Die Hollywoodschaukel hier in der Gerberstraße ist jünger als 50 Jahre.

### KLEINES RÄTSEL

*In welchem Land liegt Hollywood?*

☐☐☐☐☐☐☐☐☐☐ ☐☐☐☐☐☐☐

☐☐☐ ☐☐☐☐☐☐☐

## 2. Wasserspielplatz

Im Gerberviertel liegt ein Wasserspielplatz zum Sandburgenbauen und Matschen. Auch ein Röhrentelefon steht bereit. Das Wasser allerdings stammt aus der Leitung, nicht aus einem Bach. Und in der Straßenmitte ist eine Art Bachbett zu sehen – in dem auch kein Wasser läuft. Früher aber führte hier durch die Stadt tatsächlich ein Bach, der Nesenbach, der die Menschen mit Wasser versorgte und die Mühlen zum Mahlen des Getreides antrieb. Das Viertel ist nach einer anderen Berufsgruppe benannt, die das Wasser hier nutzte, den Gerbern. Als Gerben wird die Verarbeitung von rohen Tierhäuten zu Leder bezeichnet. Die Gerber lebten in eigenen Vierteln, weil es in den Gerbereien oft stark gestunken hat.

## KLEINES RÄTSEL

*Heute gibt es immer noch eine Werkstatt in einem alten Ziegelbau am Nesenbachkanal. Was stellt sie her?*

□□□□□□■

### 3. Graf-Eberhard-Bau mit Merkurbrunnen

Der Eberhardbrunnen am Graf-Eberhard-Bau zeigt Merkur, einen römischen Gott, dessen Aufgabe es war, Nachrichten zwischen Göttern und Menschen zu transportieren, eine Art himmlischer Postbote. Man feierte in Rom am 15. Mai ein Fest für ihn. Er wurde vor 2 000 Jahren als Gott der Händler, des Gewinns und des Gewerbes verehrt.

1909, als das Geschäftshaus fertiggestellt worden war, diente der Merkur als Symbol, die Funktion des Hauses zu zeigen: ein Handelshaus. Es war eines der modernsten Gebäude in Stuttgart und hatte sogar schon einen Aufzug. Die Brunnenfigur soll aussehen, als habe sie gerade ein Bad genommen und ziehe sich ihre Fußbekleidung an.

## KLEINES RÄTSEL

*Es sind aber keine Schuhe, die Merkur da anlegt, sondern mit was bewegt sich der Gott den Sagen nach fort?*

□□□■□□

## 4. Geißstraße

Diese Gegend Stuttgarts war vor etwa 120 Jahren ein Slum: zerfallene Hütten, kein frisches Wasser, elende Lebensbedingungen. Viele Familien vermieteten tagsüber die Betten ihrer Kinder an Arbeiter der Nachtschicht. Durch die Enge kam es zu zahlreichen Krankheiten. In Stuttgart gründete sich daraufhin ein „Verein zum Wohle der arbeitenden Klasse“. Er bestand aus reichen Kaufleuten, die etwas dagegen tun wollten, dass erschreckend viele Menschen in der Stadt so ungesund lebten. Der Verein kaufte das Gelände auf, riss die Hütten ab und ließ die heutigen, gemütlichen Häuser bauen. Sie sind aus Stein und sehen deutlich älter aus als sie sind. Innen aber waren sie für ihre Zeit modern, hell und hygienisch. Ziel war es, eine gemütliche und für die Bewohner angenehme Innenstadt zu bauen, die ein wenig so aussieht wie Städte in den Alpen. Neben diesem kleinen Viertel am Brunnen baute der Verein in Stuttgart die Siedlungen „Ostheim“ und „Südheim“. Ärmere Familien konnten Wohnungen kaufen und in kleinen Raten abbezahlen. So schafften es die reichen Familien der Stadt, die größte Not der Armen in Stuttgart zu lindern.

In der Mitte steht folgerichtig der passende Brunnen: Sechs vergoldete Medaillons zeigen dort Szenen aus dem Grimmschen Märchen von einem armen Jungen, der sein Glück erst fand, als er all seinen Besitz los war. Er erhält als Lohn für sieben Jahre Arbeit einen großen Batzen Gold. Diesen tauscht er gegen ein Pferd, das Pferd gegen eine Kuh, die Kuh gegen ein Schwein, das Schwein gegen eine Gans und die Gans gibt er für einen Schleifstein her. Er glaubt, jeweils richtig zu handeln, da man ihm versichert, ein gutes Geschäft zu machen. Zuletzt fällt ihm noch, als er an einem Brunnen trinken will, der schwere Stein ins Wasser. Am Ende ist er glücklich, den schweren Stein nicht mehr tragen zu müssen.

## KLEINES RÄTSEL

*Wie heißt die Märchenfigur?*

□■□□ □□ □□□□□

## 5. Narren-Relief

An dem Haus, in dem sich die Bar Mata Hari befindet, ist eine Figur in den Stein gehauen. Sie hat viele Schuhe in der Hand. Das Bild bezieht sich auf die Geschichte über einen Narr: Er tritt in einer Stadt als Seiltänzer auf und bittet die Zuschauer, für ein Kunststück jeweils den linken Schuh abzugeben. Er bindet die Schuhe zusammen und steigt mit den Schuhen des ganzen Städtchens auf das gespannte Hochseil. Beim Balancieren lässt er absichtlich die Schuhe aus der Luft auf das Publikum niederfallen. Nun ergibt sich eine Schlägerei, denn jeder möchte wieder an seinen passenden Schuh kommen. Der Narr schaut fröhlich zu.

## KLEINES RÄTSEL

*Wie heißt der Narr?*

□□□□ □□□□□□■□□□□□

## 6. Rathaus mit Paternoster

An der Seite des Rathauses zur Eichstraße hin, die du zuerst gesehen hast, steht eine Statue des Philosophen Johann Gottfried Herder, der in Stuttgart geboren ist. Die dem Marktplatz zugewandte Seite will nicht so ganz dazu passen – und ist auch nicht zeitgleich erbaut worden. Im Krieg ist ein großer Teil des Gebäudes zerstört und dann einfacher und moderner wieder aufgebaut worden. Auch die anderen Häuser am Markt sind aus der Zeit nach 1945. Im Rathaus kannst du zusammen mit einer erwachsenen Begleitung (!) einen eigentümlichen Aufzug benützen. Man nennt ihn Paternoster. Anders als bei anderen Aufzügen muss man nie auf die Kabinen warten, denn sie kommen regelmäßig vorbei und sind offen. Der Aufzug ist im Dauerbetrieb und die Kabinen sind wie bei einer Gebetskette hintereinander aufgereiht. Daher kommt der Name Paternoster.

### KLEINES RÄTSEL

*Wie viele Personen dürfen zusammen in einer Kabine fahren?*

☐☐☐☐

## 7. Sieben-Schwaben-Relief

Gegenüber vom Rathaus prangt an einer Hauswand ein Bild, auf dem sieben Männer mit einem Speer zu sehen sind. Das Bild zeigt die Sieben Schwaben. Von ihnen gibt es einen Schwank, der von verschiedenen Autoren immer wieder neu erzählt worden ist – für Kinder und Erwachsene: Bewaffnet mit einem langen Spieß, den sie in Augsburg gekauft haben und an dem alle sieben Männer mittragen müssen, begeben sich sieben Schwaben auf die Jagd, um das Ungeheuer am Bodensee zu besiegen. Sie reisen durch das ganze Land und erleben verschiedenste Abenteuer. Doch als sie dem „Ungethier" endlich gegenüberstehen, haben sie schreckliche Angst, nehmen dennoch all ihren Mut zusammen und rennen mit dem Spieß gegen den vermeintlichen Drachen an.

KLEINES RÄTSEL

*Der Drache entpuppt sich als ziemlich harmloses Tier, welches?*

☐■☐☐

## 8. Markthalle

Durst bekommen von all den Neuigkeiten? Die Markthalle kann man Montag bis Freitag von 07:30 Uhr bis 18:30 Uhr und samstags von 07:00 Uhr bis 17:00 Uhr besichtigen – und in ihr gibt es neben Marktständen mit exotischen Früchten, Tees, Würsten und edlen Süßigkeiten auch einen Brunnen, an dem du kostenlos frisches Mineralwasser trinken kannst: den Ceres-Brunnen (an den meisten Brunnen in der Stadt steht, dass man das Wasser nicht trinken darf, hier aber schon.) Über dem Brunnenbecken ist Geflügel abgebildet, am Brunnenrand siehst du Tiere, die im Wasser schwimmen. Der Fisch an der Frontseite ist ein Hecht, der größte in Deutschland vorkommende Raubfisch. An den Seiten sind jeweils Fische zu sehen, die für ihre guten Nasen bekannt sind. Dank dieser können sie auch in absoluter Dunkelheit ihre Beute riechen und fangen.

KLEINES RÄTSEL

*Wie heißen die Fische, die rechts und links am Brunnenrand abgebildet sind?*

☐■☐☐

Markthalle

## 9. Stiftergräber in der Stiftskirche

Wo heute die Stiftskirche steht, befand sich anfänglich eine kleine Dorfkirche, doch 1320 n. Chr. hat Graf Eberhard der Erlauchte von Wirtemberg die größere Kirche gestiftet (Wirtemberg ist kein Rechtschreibfehler, sondern hieß damals noch so). Der Graf wollte, dass in Zukunft dort alle Angehörigen seiner Familie begraben werden. Ihm war es auch wichtig, dass genügend Menschen für die verstorbenen Angehörigen beten. Dafür ließ er sogenannte Chorherren einstellen, das waren Pfarrer, die dafür bezahlt wurden, in der Kirche Gottesdienste für Verstorbene zu halten. In der Stiftskirche gab es wohl etwa 30 Priester. Das Stifterehepaar ist in Tumben in der Kirche begraben, das sind Gräber, die nicht in der Erde liegen, sondern darauf stehen. Auf denen von Eberhard und Agnes sind die Personen selbst abgebildet. Früher waren die Figuren wohl auch bemalt. Eberhard steht auf Löwen, die symbolisieren sollen, wie heldenhaft er war. Agnes starb jung, mit 21 Jahren etwa, bei der Geburt ihres ersten Kindes. Sie steht auf einem anderen Tier, das ein Zeichen dafür ist, dass sie in der Ehe ihrem Mann treu war.

### KLEINES RÄTSEL

*Was für ein Tier ist es?*

□■□□

## 10. Grafenstandbilder in der Stiftskirche

Die Standbilder von 1574 stellen elf württembergische Grafen dar, die in der Kirche begraben sind. Sie werden jeweils in ihrer historisch korrekten Rüstung gezeigt. Manche tragen Kettenhauben, andere Plattenrüstungen, Beinschienen und Panzerhandschuhe. Im Alltag waren sie so natürlich nicht angezogen. Das Standbild zeigt sie als Ritter, also so, wie sie sich zum Kampf auf dem Pferd eingekleidet haben. Die Standbilder aus Stein waren ursprünglich farbig angemalt, Waffen und Zeichen der Macht sind aus Metall. Jeweils auf dem Gesims oberhalb der Nischen auf einer schwarzen Mamortafel stehen Name, Geburts- und Todesjahr des Ritters und darüber befindet sich das dem Grafen zugehörige Wappen; zwischen diesen Wappenfeldern stehen kleine, kindliche Engel. Man nennt solche Darstellungen auch Putten.

### KLEINES RÄTSEL

*Auf was für Tieren stehen die Grafen?*

■□□□□

## 11. Dichterdenkmal

Das Denkmal mitten auf dem Platz zeigt einen Dichter, der auf eine Schule, die hinter dem Schloss stand und heute abgerissen ist, gehen musste. Die Schule hieß „Hohe Carlsschule“ und Herzog Carl

Schillerplatz

Eugen führte dort selbst Aufsicht über die Kinder und Jugendlichen. Er trat auf wie ein Diktator. Die Eltern hatten keine Möglichkeit zu widersprechen, wenn der Herzog ein Kind in die Schule aufnehmen wollte. Zeit zum Spielen hatten die Kinder nicht. Aus Dokumenten kennt man den Tagesablauf: Die Kinder mussten im Sommer um fünf Uhr aufstehen, im Winter eine Stunde später. Nach dem Frühstück war Unterricht bis 11 Uhr, danach prüfte der Herzog die Sauberkeit der Kleidung. Nach dem Mittagessen fand unter den Augen der Aufseher ein Spaziergang statt. Dann war wieder bis 18 Uhr Unterricht, nun folgte nach einer Erholungsstunde das Abendessen. Um 21 Uhr mussten alle zu Bett. Es gab keine Ferien und wenig Elternbesuche. Der auf dem Denkmal abgebildete Dichter durfte nicht einmal zur Beerdigung seines Vaters die Schule verlassen.

## KLEINES RÄTSEL

**Wie heißt der Dichter?**

☐☐☐■☐☐☐☐☐ ☐■☐☐☐☐☐☐

## 12. Altes Schloss

Das Schloss wurde nicht auf einmal gebaut. Zuerst gab es nur eine Burg, die den Stutengarten schützen sollte, der Stuttgart seinen Namen gab. Um die Burg herum lag ein Wassergraben. Später, in der Renaissance, einer Zeit, in der man mehr Wert auf feine Formen legte, wurde zwischen den klotzigen Mauern der elegante Innenhof mit den Säulen eingerichtet. Vom Innenhof konnten nun die Adeligen direkt in den Versammlungs- und Speisesaal reiten. Es gab sogar eine Reitertreppe, damit sie nicht absteigen mussten. Sie wurden von 15 Mund- und Hofköchen bekocht. Der Mundkoch war alleine für die Speisen des Herzogs und seiner Familie zuständig, die Hofköche brieten und siedeten auch für Gäste.

### KLEINES RÄTSEL

*Im Alten Schloss ist neben dem Landesmuseum ein Kindermuseum untergebracht. Wie heißt es?*

☐☐☐☐☐☐ ☐☐☐☐■☐☐

## 13. Schlossplatz mit Neuem Schloss

18 Jahre war Carl Eugen alt, als er das Neue Schloss bauen ließ. Mit 16 war er Herzog geworden. Er hatte kein Geld, aber er ließ sich dennoch nicht von dem Bau abhalten. Er hatte nicht länger Lust in Ludwigsburg zu leben. Er wollte ein Schloss haben, das nicht zu seinem eher kleinen Land passte, sondern eines, wie andere europäische Könige und Kaiser es hatten. Als er 1793 starb, war das Schloss bereits einmal abgebrannt und dadurch immer noch nicht fertig. Carl Eugen hatte inzwischen andere Schlösser begonnen und bewohnt. Das Schloss, das heute am Schlossplatz steht, ist nur ein kleiner Teil der geplanten Anlage. Es hat 365 Räume. Auch wenn der Erbauer hier nicht residierte: Seine Nachfolger ta-

ten es. Zu Carl Eugens Amtsjubiläum wurde die Säule in der Mitte des Platzes für einen König aufgestellt, der im Schloss tatsächlich lebte.

KLEINES RÄTSEL

**Wie hieß dieser König?**

☐☐☐☐☐■☐

*Stadtbahn- und Bushaltestelle Schlossplatz*

## 14. Häberle und Pfleiderer

Am Ende der Unterführung stehen zwei Bronzefiguren. Sie zeigen Oscar Heiler und Willy Reichert. Bekannt wurden die beiden Schauspieler aber als „Häberle und Pfleiderer“. Sie traten als zwei Schwaben auf, der eine bemüht, gebildet zu wirken und Hochdeutsch zu reden, der andere bodenständig und praktisch. Sie begannen mit ihrem Programm zu Beginn der 30er-Jahre und spielten in den folgenden vierzig Jahren viele Sketche fürs Theater, das Radio und das Fernsehen. Auch Werbefilme für „Päcklessupp“ wurden gedreht. Das Theater, in dem die Komiker bekannt wurden, wurde im Krieg zerstört. Das Gebäude, das hier heute steht, erhielt aber den Namen des abgerissenen Hauses.

KLEINES RÄTSEL

**Wie heißt das Gebäude heute?**

☐☐☐☐☐☐☐☐☐■☐☐☐

Schlossplatz

*Stadtbahn-Haltestelle Friedrichsbau (Börse)*

## 15. Stadtgarten mit Taubenhaus

Stadttauben sind verwilderte Haustiere. Ihre Vorfahren waren von Menschen gezüchtete Brieftauben oder Haustauben. Sie haben keine Scheu vor den Menschen, sondern suchen sogar ihre Nähe, um in den Städten ihr Futter zu finden. Wo viele Tauben sind, werden sie allerdings zur Plage. Zwar war ihr Kot früher ein wichtiger Dünger, doch durch die Ernährung mit Pommes und Brötchen wird der Stuhlgang der Tauben flüssig und zerstört Hausfassaden und Denkmäler. Man versucht, die Anzahl der Tauben zu verringern, indem man Taubenhäuser baut, in denen die Tauben sich wohlfühlen. Wenn sie dort aber Eier legen, werden diese Eier ausgetauscht durch Attrappen. Die Tauben bebrüten sie, aber es schlüpfen keine Jungen.

### KLEINES RÄTSEL

**Aus welchem Material ist das Taubenhaus hauptsächlich gebaut?**

☐☐☐☐

## 16. Wippe mit Gewichten

Im Stadtgarten gibt es einen kleinen Spielplatz mit einer Wippe, bei der endlich mal nicht der Leichteste immer oben hängt. An der Wippe sind Gewichte befestigt, die man jeweils zu dem schieben kann, der zusätzliches Gewicht braucht.

*Bushaltestelle Hegelplatz*

## 17. Hoppenlaufriedhof mit jüdischen Gräbern

Der Hoppenlaufriedhof ist heute ein Park, in dem keine Beerdigungen mehr stattfinden. Die ältesten Gräber hier sind fast 400 Jahre alt. Durch ein kleines Eisentor kommst du in einen extra ummauerten Bereich des Friedhofs. Hier wurden Stuttgarter jüdischen Glaubens beigesetzt. Teilweise kann man auf den Grabsteinen Symbole sehen. Das Grab von Anton Feist Mayer zeigt seinen Beruf. Er war Schulleiter. Sein Grab ziert ein Buch. Besonders aufwändig ist das Grab des Rabbiners Dr. Joseph von Maier, der 1873 gestorben ist. Er leitete die jüdische Gemeinde in Stuttgart. Auf seinem Grab ist ein siebenarmiger Leuchter abgebildet. Er steht im Judentum für Erleuchtung, Einsicht und die damit verbundene Lebensfreude. Das Grab Mayers ist deutsch beschriftet. Du findest aber auch andere Grabmäler, die zweisprachig oder nur in einer uns eher fremden Schrift beschrieben sind.

### KLEINES RÄTSEL

**Zu welcher Sprache gehört diese Schrift?**

☐☐☐■☐☐☐☐☐

## LÖSUNGSWÖRTER

Vereinigte Staaten von Amerika
Schmuck
Flügel
Hans im Glück
Till Eulenspiegel
Zwei
Hase
Aale
Hund
Löwen
Friedrich Schiller
Junges Schloss
Wilhelm
Friedrichsbau
Holz
Hebräisch

## GROSSES RÄTSEL

**Was kannst du täglich um 11:05, 12:05, 14:35, 18:35 und 21:35 Uhr auf dem Marktplatz hören?**

RATHAUS-GLOCKENSPIEL

# TOUR 8
# ZWISCHEN VILLEN UND GEFÄNGNIS

LÄNGE 3 KM | AUFSTIEG 65 M | ABSTIEG 59 M

☞ *Diese Tour lässt sich mit einer Fahrt mit der Zahnradbahn verbinden.*

**START:** Stadtbahn-Haltestelle Marienplatz

**1.** Zahnradbahn ·· **2.** Pan im Lapidarium ·· **3.** Kugeln aus Stein ·· **4.** Apollo von Belvedere ·· **5.** Aussicht von der Karlshöhe ·· **6.** Pallas-Athene-Brunnen ·· **7.** Relief einer Hansekogge ·· **8.** Feuersee ·· **9.** Johanneskirche ·· **10.** Alleebäume der Johannesstraße ·· **11.** Gefängnis ·· **12.** Kirche und Pfarramt St. Elisabeth

**ZIEL:** Stadtbahn-Haltestelle Schwab-/Bebelstraße

## 1. Zahnradbahn

Die Wagen der Zahnradbahn sehen modern aus, wie die der Stadtbahn, die Strecke ist allerdings alt, sie ist die viertälteste Zahnradbahnstrecke in Deutschland. Als sie erbaut wurde, gab es erst eine Bergbahn auf die Zugspitze, den höchsten Berg Deutschlands in den Alpen, auf den Wendelstein in Bayern und eine vom Rhein ins Siebengebirge. Die in Stuttgart war die erste Zahnradbahn für den Stadtverkehr und wurde mit Dampf betrieben. Heute ist sie immer noch die einzige Bahn dieser Art, die Menschen nutzen, um zur Schule oder zur Arbeit zu kommen und die nicht nur von Wanderern und Touristen benützt wird. Heute fahren die Wagen elektrisch den Berg hinauf und hinunter.

Warum aber hat man hier keine normale Straßenbahn gebaut? Eine Straßenbahn würde auf ihren Schienen wegen der Steigung den Berg herabrutschen. Deswegen befindet sich zwischen den Schienen bei der Zahnradbahn eine Art Treppe, in die das Zahnrad der Bahn eingreift, um sie nach oben zu ziehen.

„Zacke" ist der Spitzname der Zahnradbahn

### KLEINES RÄTSEL

**Wie heißt der Stuttgarter Stadtteil, den man mit der Zahnradbahn erreicht?**

□□□□□□■□□

## 2. Pan im Lapidarium

Über 200 Plastiken und Überreste zerstörter oder abgerissener Bauten der Stadt sind im Stuttgarter Lapidarium ausgestellt. Es ist ein kleiner Park, der ursprünglich einer Familie als Garten diente, aber nun der Stadt gehört. Der Gang am unteren Ende hat Säulen in der Form kurioser Gestalten. Man nennt männliche Personen, die aussehen, als ob sie Bauteile tragen, Atlanten und weibliche Personen Karyatiden. Das muss man nicht unbedingt wissen. Jedenfalls ist der Säulengang des Lapidariums mit Pan-Figuren geschmückt, die die Decke des Ganges auf dem Kopf tragen. Pan gilt als Gott der freien Natur, der Beschützer der Bauern und Hirten, ihres Viehs und ihrer Äcker. Er macht aber auch gerne Unsinn und erschreckt Menschen. Von dem Gott Pan leitet sich daher auch das Wort Panik für große Angst ab. Und noch ein Wort hat den Namen des Gottes in sich. Pan wird, da er Musik, Tanz und Fröhlichkeit liebt, meist mit einem Instrument dargestellt. Auch im Lapidarium hält er es in Händen.

### KLEINES RÄTSEL

**Wie heißt dieses Instrument?**

□□□□□□■□

Säulengang im Lapidarium

### 3. Kugeln aus Stein

In dem Säulengang siehst du einige aufgestapelte Steinkugeln. Sie wurden im Krieg eingesetzt. Allerdings war das Aufstellen der Kanonen, die man brauchte, um sie abzuschießen, ziemlich zeitraubend und so konnte man nicht schnell genug angreifen. Die tonnenschweren Waffen wurden aus Metall gegossen oder geschmiedet und umständlich dort hintransportiert, wo Krieg geführt werden sollte. Heimlich war das kaum möglich. Die Waffen bestanden aus einem Rohr und einer Pulverkammer, in die man Schwarzpulver füllte. Damit aber die Kugel schnell herausgeschleudert werden konnte, musste man, wenn man vorne eine Steinkugel hineingeschoben hatte, die Zwischenräume mit Ton abdichten und diesen zwischendurch wieder trocknen lassen. Zwischen den Schüssen vergingen Stunden. Erst Metallkugeln machten die Kanonen gefährlicher.

## KLEINES RÄTSEL

**An welchem Ufer hat man die im Lapidarium ausgestellten Kanonenkugeln gefunden?**

☐☐☐☐☐☐■☐☐☐

### 4. Apollo von Belvedere

Diese Statue ist die Kopie einer Kopie. Sie geht wahrscheinlich auf eine Figur zurück, die vor 2 300 Jahren in Griechenland hergestellt wurde. Eine Nachbildung wurde am Ende des Mittelalters in Italien gefunden. Sie steht heute im Vatikan in Rom. Die Figur hat die Menschen begeistert, denn im Mittelalter war noch nie eine so schön gearbeitete menschliche Figur gesehen worden. Zeitweise wurde der Statue ein Blech angezogen, weil die Besucher des Vatikan den nackig dastehenden Mann unanständig fanden. Sein auch aus Stein gearbeiteter Mantel hängt ihm nämlich lässig über der Schulter. Seit Jahrhunderten sehen sich fast alle Touristen, die nach Rom kommen, die Marmorstatue an, die in jedem Reiseführer beschrieben wird. Damit man aber nicht reisen musste, um sich an der Schönheit des Kunstwerks zu erfreuen, wurden auch in deutschen Gärten – wie hier in Stuttgart – Kopien des Apollo von Belvedere ausgestellt.

## KLEINES RÄTSEL

**Wie nennt man das Material, aus der die Statue geschaffen wurde?**

■☐☐☐☐☐

## 5. Aussicht von der Karlshöhe

Von der Karlshöhe hast du einen tollen Blick auf Stuttgart. Du kannst den weißen, oben geraden Turm des Rathauses mit seinen relativ kleinen links der Mitte befindlichen Fenstern und der roten Uhr gut erkennen. Wenn du dich etwas nach rechts drehst, siehst du das grünliche Kupferkirchturmdach der gelb gestrichenen Leonhardskirche und die Kirchturmspitzen der Johanneskirche in Stuttgart-West. Drehst du dich weiter nach rechts kommt der Schornstein der Bierbrauerei Dinkelacker in den Blick. Oben im Wald ist der Fernmeldeturm zu sehen. Hier werden Fernseh- und Radioprogramme ausgestrahlt, aber auch für die Handynetze ist der Turm nützlich. Er steckt wie ein Pfahl 11 Meter tief in der Erde, damit er nicht umfallen kann. Etwas rechts vom oben schmaler werdenden Fernmeldeturm siehst du einen weiteren Turm aus Stahlbeton, der ungefähr an einen Zahnstocher mit oben aufgespießter Olive erinnert. Seinen Namen können dir sicher andere Besucher der Karlshöhe verraten.

### KLEINES RÄTSEL

*Wie lautet der Name?*

☐☐☐☐☐☐☐☐☐☐☐

## 6. Pallas-Athene-Brunnen

Dieser Brunnen war ursprünglich Teil des privaten Gartens der Familie Siegle, deren Villa aber im Krieg zerstört worden ist. Der Garten wurde Teil des Parks. Die dargestellte Athene ist eine sogenannte Kopfgeburt. Sie kommt nicht aus Mutters Bauch, sondern sie ist eine mythische Geburt aus dem Kopf des Göttervaters Zeus, der Brunnen zeigt es. Sie trägt interessanterweise als Neugeborene keinen Strampler, sondern kommt erwachsen, bewaffnet und

gerüstet auf die Welt. Der Beiname Pallas, den Athene trägt, ist vermutlich aus dem griechischen Wort „pallein" abgeleitet, was „die Waffen schwingen" bedeutet.
Athene wurde in der Antike als Göttin der Weisheit und als Beschützerin ihrer Stadt Athen verehrt. In einer ähnlichen Rolle sahen sich die Besitzer der Villa, an der die Figur aufgestellt wurde. Gustav Siegle spendete viel Geld für Schulspeisungen, damit Kinder armer Familien nicht hungrig in der Schule saßen. Mit der Herstellung von Farben war er zu Wohlstand gekommen und wollte, dass alle Menschen in Stuttgart, egal welcher Herkunft oder welcher Religion, die Möglichkeit bekommen etwas zu lernen und Kultur zu erleben.
Am unteren Rand des Brunnens sitzen zwei weitere Figuren der antiken Mythologie, Pandora und Prometheus. Prometheus soll den Menschen, so erzählt es die Geschichte, etwas gebracht haben, was beim Heizen, Kochen und Grillen hilft, aber auch vieles zerstören kann.

## KLEINES RÄTSEL

*Was brachte er?*

☐☐☐☐☐

## 7. Relief einer Hansekogge

Es ist nicht leicht zu erreichen, dass eine Straße nach einem selbst benannt wird. Meist muss man dafür berühmt und tot sein. Luise Knosp ist es allerdings gelungen. Die Knospstraße in Stuttgart wurde sogar schon zu Lebzeiten nach ihr benannt. Ihr Mann, Rudolph Knosp, war ebenfalls durch die Herstellung von Farben reich geworden. Gelernt hatte er bei einem Händler, der mit dem blauen Farbstoff Indigo – die typische Farbe von Jeans – arbeitete.

Vor 1870 konnte man noch keine blaue Farbe chemisch herstellen, dafür wurden Pflanzenextrakte gebraucht. Die mussten entweder aus Indien mühsam herangeschafft oder mit weniger Ertrag im deutschen Thüringen angebaut werden. Eine Pflanze namens Färberwaid musste zu Brei zermanscht, getrocknet, dann mit Pipi und Asche vermischt und vergoren werden: Das war stinkig und arbeitsreich. Rudolph Knosp hat deswegen daran geforscht, wie man Farben aus Teer herstellen kann. Seine Anilinfarben wurden ein wirtschaftlicher Erfolg, und so konnte seine Witwe die Knospstraße errichten lassen. An einem Haus ist ein Schiff zu sehen. Es handelt sich um eine Hansekogge. Das waren im Mittelalter Schiffe, die die Handelsstädte an Nord- und Ostsee verwendet haben, um Waren zu transportieren. Sie haben nur ein großes und ein kleines Segel. In dem Haus wurde eine Schule untergebracht.

## KLEINES RÄTSEL

**Was für eine Schule wurde dort untergebracht?**

*S-Bahn- und Bushaltestelle Feuersee*

## 8. Feuersee

Früher gab es Feuerlöschteiche in fast allen Ortschaften, ehe eine zentrale Wasserversorgung gebaut wurde. Meistens waren sie zentral gelegen, damit die Bewohner vom Löschteich aus zu einem brennenden Haus eine Eimerkette bilden konnten. In späteren Jahren wurden Pumpen eingesetzt, um das Wasser durch Schläuche zum Brandherd zu bringen. Wenn es brannte, mussten alle zusammen helfen. Heute braucht man den Feuersee nicht mehr zum Löschen von Bränden. Es schwimmen darin Karpfen, Rotaugen, Hechte und Barsche. In den warmen Sommermonaten stehen Karpfen regelmäßig an der Wasseroberfläche, meist unter überhängenden Ästen von Bäumen. Vielleicht kannst du einen sehen.

## KLEINES RÄTSEL

*Fischarten, die wie die im Feuersee nicht im Meer, sondern in Flüssen und Teichen leben, nennt man wie?*

☐☐☐☐☐☐☐☐■☐☐☐☐☐☐

## 9. Johanneskirche

Im 19. Jahrhundert wurde es eng in Stuttgarts Kirchen. Für 45 000 evangelische Christen gab es in den vorhandenen Kirchen am Sonntag nur 10 000 Plätze. Damals war es aber noch wesentlich üblicher in den Gottesdienst zu gehen als heute. Um dem Platzmangel Abhilfe zu schaffen, sammelten die Protestanten Geld, um eine neue Kirche zu errichten. Da kam es gelegen, dass kurz davor ein neuer Baustoff erfunden worden war. Man sieht es der Kirche nicht an, aber ihr Fundament ist aus Beton. 660 Pfähle aus dem neuen Baustoff ließ der Architekt Christian Friedrich Leins in den See rammen. Dann wurde darauf das Gotteshaus errichtet, in dem 1 300 Menschen Platz finden konnten. Im Zweiten Weltkrieg wurde die Kirche zerstört, und weil man sparen musste, hat man nur die Halle wiedererrichtet, die Türme blieben kaputt. Inzwischen denkt keiner mehr daran, die Türme wieder aufzubauen, denn die zerstörte Kirche erinnert, so wie sie ist, an den Schrecken, den die Menschen im Krieg erlebten, und warnt davor, es nie wieder zu einem Krieg kommen zu lassen.

Über der Uhr der Kirche siehst du ein Symbol für den Evangelisten Johannes, einen Mann, der Geschichten aus dem Leben Christi aufgeschrieben hat. Sie stehen heute in der Bibel, dem wichtigsten Buch der Christen. Das Symbol ist ein Tier mit einem Buch in der Hand.

KLEINES RÄTSEL

*Wie heißt dieses Tier?*

☐☐☐☐☐

## 10. Alleebäume der Johannesstraße

Die Johannesstraße sieht heute aus wie ein übergroßer Parkplatz mit Bäumen. Vor 180 Jahren war das allerdings anders, denn auch da hatte Stuttgart schon Probleme mit zu viel Verkehr, aber andere: ein Problem mit Reitern, Kutschen und Pferden. Damit Reiter auf ihren Pferden nicht auf bummelnde Fußgänger oder ratternde Kutschen achten mussten, lagen hier in der Johannesstraße Reitweg, Fahrweg und Fußweg nebeneinander, nur durch eine Reihe von Bäumen voneinander abgetrennt. Diese Alleebäume duften sehr intensiv, wenn sie blühen. Sie locken auch heute noch viele Insekten an – selbst in der Stadt. Tee aus den Blüten wird als Arznei getrunken. Schau die dir Bäume mal genauer an.

KLEINES RÄTSEL

*Zu welcher Art gehören sie?*

☐☐☐☐☐☐

## 11. Gefängnis

Das Mehrfamilienhaus im Hinterhof war ein Zuchthaus, das 1844 zwei Kilometer außerhalb der damals noch kleineren Stadt Stuttgart errichtet wurde. Das Gefängnis galt als modern, denn man versuchte dort Verbrecher nach einer in New York erfundenen Methode, dem Auburn'schen Schweigesystem, zu besseren Menschen zu machen. Man begann bei der Belegung der Zellen Rücksicht auf die Straftaten der Inhaftierten zu nehmen, damit sich diese nicht negativ beeinflussen sollten. Zudem sollten die Gefangenen lernen zu schweigen. Das Schweigen sollte den Gefangenen helfen, über sich nachzudenken. Sie mussten auch hart arbeiten. Das galt ebenfalls als heilsam. Ab 1851 wurde das Gefängnis belegt, ab 1873 nur noch mit Schwerverbrechern mit einer Haftstrafe über fünf Jahren. 1896 waren 180 Gefangene inhaftiert. Damit war das Gefängnis völlig überbelegt. Es muss chaotisch eng gewesen sein. Im Hof des Gefängnisses wurden auch drei Mörder geköpft. Friedrich Fauser hatte seinen Vater im Streit um einen Schweinestall umgebracht. Zur Enthauptung von Friedrich Fauser kamen 200 Erwachsene und Kinder, die dafür Eintritt zahlen mussten. Viele Erwachsene dachten damals, es sei lehrreich, mit den Kindern zu einer Hinrichtung zu gehen, damit sie davor zurückschreckten, selbst etwas Ungesetzliches zu tun.

### KLEINES RÄTSEL

*Wie lautet die Anschrift des Zuchthauses?*

☐☐☐☐☐☐☐☐☐☐

☐☐☐☐☐☐ ☐☐

## 12. Kirche und Pfarramt St. Elisabeth

Die Kirche St. Elisabeth ist eine katholische Kirche. Die Heilige, die der Kirche ihren Namen gab, wurde 1207 in Ungarn geboren und kam mit vier Jahren ins heutige Deutschland, nach Thüringen. Sie wurde an einen elf Jahre alten Bräutigam verheiratet, nicht, weil sie das wollte, sondern weil sie eine Königstochter war und der Papst sich dadurch politische Vorteile versprach. Als Elisabeth selbst elf Jahre als war, starb ihr Ehemann. Und so heiratete sie mit 14 Jahren schon zum zweiten Mal. Die Ehe mit dem Bruder des ersten Mannes soll glücklich gewesen sein. Das Paar hatte bald drei Kinder. Elisabeth besuchte oft Arme und verschenkte Getreide an die, die nichts hatten. Als ihr zweiter Mann auch im Krieg starb, da ließ sie von allem Geld, das ihr als Witwe zustand, ein Krankenhaus bauen und verzichtete ganz auf eigenes Vermögen.

Am Pfarramt ist die Heilige Elisabeth dargestellt. Sie hat ein grünes Tuch dabei, in dem sie den Armen etwas bringt.

### KLEINES RÄTSEL

*Was liegt in diesem Tuch?*

☐☐☐■☐☐☐☐

Blick von der Karlshöhe auf Stuttgart

## LÖSUNGSWÖRTER

Degerloch
Panflöte
Neckarufer
Marmor
Fernsehturm
Feuer
Höhere Handelsschule
Süßwasserfische
Adler
Linden
Senefelder Straße 45
Brötchen

## GROSSES RÄTSEL

*Was ziert in Stuttgart die Gärten vieler alter Villen?*

MARMORSTATUEN

# TOUR 9
# AM FLUSS

LÄNGE 4,4 KM | AUFSTIEG 68 M | ABSTIEG 59 M

☞ *Diese Tour lässt sich mit einer Tretbootfahrt auf dem Max-Eyth-See verbinden. Der Bootsverleih ist von Mitte März bis Ende September jeden Tag bei schönem Wetter geöffnet.*

**START:** Stadtbahn-Haltestelle Wagrainäcker

**1.** Max-Eyth-Steg – Hängebrücke ·· **2.** Graugänse ·· **3.** Infotafeln zur Geschichte des Sees ·· **4.** Kormorankolonie ·· **5.** Tonnen auf

dem Neckar ·· **6.** Trockenmauern am Neckarufer ·· **7.** Bootshaus ·· **8.** Fährhaus ·· **9.** Katholische Kirche in Hofen ·· **10.** Ruinen der Burg Hofen ·· **11.** Vier-Burgen-Steg – Stabbogenbrücke ·· **12.** Pi 22-87 ·· **13.** Engelburg ·· **14.** Mühlsteine am Palmschen Schloss ·· **15.** Brunnenhaus

**ZIEL:** Bushaltestelle Mühlhausen Schloss ......................................

## 1. Max-Eyth-Steg – Hängebrücke

Die Brücke, die du im Hintergrund siehst, führt über den Neckar. Im Wasser steht aber kein einziger Brückenbogen, sondern die Brücke ist an zwei Masten von 24 Meter Höhe aufgehängt. Der eine steht in der Gabelung der zwei Fußwege. Auf der anderen Seite ist der Weg seitlich an Masten angebracht und mit stabilen Stahlseilen verspannt. Die Querseile haben einen Durchmesser von über 10 cm. Man nennt so konstruierte Brücken Hängebrücken. Die Stuttgarter nennen die Brücke „Golden Gaitle" nach der berühmtesten Hängebrücke der Welt in San Francisco. Über die Golden-Gate-Bridge fahren täglich 110 000 Autos und Busse.

### KLEINES RÄTSEL

**Für wen wurde die Stuttgarter Hängebrücke gebaut?**

☐☐☐☐☐☐☐■☐

*Graugänse im Max-Eyth-See*

## 2. Graugänse

Am See begegnen dir ab Februar bis weit in den Herbst zahme Gänse. Graugänse haben ein graubraunes Gefieder, Männchen und Weibchen sind kaum zu unterscheiden. Der breite und hohe Schnabel ist rosa-orange und ziemlich kräftig. Die Gänse fressen Blätter, Stengel, Samen und Früchte von Wasserpflanzen. Mit den festen Hornzähnen im Schnabel können sie aber auch Gras abzupfen. Die Füße mit Häuten zwischen den Zehen sind blassrot.

### KLEINES RÄTSEL

*Wie viele Zehen zeigen bei der Gans nach vorne?*

☐☐☐☐

## 3. Infotafeln zur Geschichte des Sees

Auf dem Seesteg findest du Informationen zur Geschichte des Sees. Er war ursprünglich eine Kiesgrube. Man transportierte Steine von hier nach Stuttgart hinein. 1935 wurde dann aus dem Gelände eine „Volkserholungsstätte“ mit einem Strandbad. Man konnte Schwimmen und sich wie am Strand fühlen.

### KLEINES RÄTSEL

*Was für eine Gebäude stand am See, um ihn wie ein Meer aussehen zu lassen?*

☐☐☐☐☐☐☐☐☐☐

## 4. Kormorankolonie

Ein Teil des Sees ist ein Vogelschutzgebiet. Hier darf man die Tiere auch nicht füttern. Es leben Enten und Blesshühner zwischen den Erlen und Weiden. Auffallend sind die vielen Kormorane, die hier brüten. Es handelt sich um große, schwarze Vögel. Ein erwachsener Kormoran ist etwa 80 bis 100 cm groß und sein Gewicht liegt zwischen 1 700 und 3 000 g. Kormorane wurden lange gejagt, weil Fischzüchter und Angler Angst hatten, dass die Vögel ihren ganzen Fang wegfressen. Der Kormoran war deswegen vom Aussterben bedroht und wurde unter Naturschutz gestellt. Heute gibt es wieder sehr viele der schwarzen Vögel. Du siehst sie meist oben auf den Bäumen. Sie sind Koloniebrüter, die zu mehreren auf höheren Bäumen brüten, häufig zusammen mit einer anderen Vogelart, die auch am Max-Eyth-See zu sehen ist, und die man an ihrem langen, hellen Hals, langen hellen Beinen und einem spitzen Schnabel erkennt.

### KLEINES RÄTSEL

*Wie heißt dieser Vogel?*

☐☐☐■☐☐☐☐☐☐

## 5. Tonnen auf dem Neckar

Die schwimmenden grünen und roten Tonnen, die du auf dem Neckar siehst, sind Verkehrszeichen für Kapitäne. Schiffe müssen zwischen den grünen Tonnen auf der einen Flussseite und den roten an der anderen hindurch fahren. Dieses System gilt nicht nur auf dem Neckar, sondern es ist international gültig, zumindest in Europa, Australien, Neuseeland, Afrika und weiten Teilen Asiens. Die Tonnen sollen verhindern, dass Schiffe an Stellen gelangen, an denen das Wasser für sie nicht tief genug ist.

## KLEINES RÄTSEL

*Wie nennt man den Bereich zwischen den Tonnen, in dem die Schiffe fahren dürfen?*

☐☐☐☐☐☐☐☐■

## 6. Trockenmauern am Neckarufer

An den extrem steilen Hängen am Neckar stehen Mauern – und das schon lange. Man vermutet, dass die meisten der Mauern zwar immer wieder neu aufgeschichtet wurden, wenn sie zu zerfallen drohten, doch sind sie wohl hier am Neckar schon zwischen 1200 und 1400 n. Chr. gebaut worden. Sie sind also mindestens 600 Jahre alt. Die Mauern speichern Wärme, das lässt hier Pflanzen gedeihen, denen es sonst bei uns zu kalt wäre. Natürlich ist es sehr beschwerlich, die Terrassen zu bebauen. Einen Traktor kann man nicht über die schmalen Treppen fahren lassen. Dennoch wird auf den meisten Terrassen immer noch etwas angebaut und geerntet.

## KLEINES RÄTSEL

*Was wächst auf den Hangterrassen?*

☐☐☐☐☐■☐☐☐☐

## 7. Bootshaus

Die Stuttgarter Jugendhaus Gesellschaft betreibt seit 1971 das Bootshaus für die Kinder- und Jugendarbeit. Jugendgruppen aber auch Privatpersonen können es mieten. Das Haus ist bunt bemalt sowie beschnitzt und erinnert an die Südsee. Im Bootshaus steht ein Einbaum, genannt Tigekadopemic, den Jugendliche aus einer

Pappel gebaut haben, und ein Solarboot. Das Dach des Bootshauses besteht aus getrocknetem Schilfrohr. Schilf wächst bis zu 3 cm pro Tag. Man kann es geradezu wachsen sehen. Wasser perlt an den frischen und den getrockneten Pflanzen ab, weswegen es sich auch zum Dachdecken eignet.

## KLEINES RÄTSEL

**Für das Flechten des Zaunes wurde eine andere Pflanze verwendet, welche?**

☐☐☐■☐☐☐☐☐

*Stadtbahn-Haltestelle Hofen*

### 8. Fährhaus

Auf dem Weg durch Hofen kommst du an einem Fährhaus vorbei. Ehe der Neckar kanalisiert war und die heutigen Brücken errichtet wurden, fuhren Schiffe auf dem Neckar hin und her und brachten Passagiere ans andere Ufer. An dem Fährhaus kannst du Striche sehen, an denen Zahlen stehen.

## KLEINES RÄTSEL

**Wie nennt man diese Marken?**

☐■☐☐☐☐☐☐☐☐☐☐■☐☐☐

*Bootshaus am Max-Eyth-See*

## 9. Katholische Kirche in Hofen

Du stehst vor einer katholischen Kirche. Früher bestimmten die Fürsten, welchen Glauben die Bewohner eines Ortes haben müssen. Stuttgart wurde evangelisch, aber Hofen blieb katholisch. Nach Hofen gab und gibt es sogar richtige Wallfahrten, wie man sie in katholischen Gebieten feiert. Die Pilger kommen zu Fuß zu einer Figur, die Maria mit Jesus als Baby zeigt. Diese Figur ist 500 Jahre alt. Man weiß nicht, wer die „Stuttgarter Madonna" geschnitzt hat. Sie wurde nach Hofen in Sicherheit gebracht, als in der Innenstadt die Kirchenfiguren von den Protestanten zerstört wurden. Diese lehnten es nämlich ab, vor Bildern zu beten, sie wollten sich direkt an den unsichtbaren Gott wenden. In Hofen waren die alten Figuren in Sicherheit. Die Kirche in Hofen ist auch nach einer katholischen Heiligen benannt.

## KLEINES RÄTSEL

*Wie heißt die Heilige?*

☐☐☐☐☐☐☐ ☐☐■☐☐☐☐

*Ruine Hofen*

## 10. Ruinen der Burg Hofen

Die Burg in Hofen ist die einzige in Stuttgart, deren Mauerreste noch über der Erde aufragen. Die Burg wurde wohl im Mittelalter gebaut, um einen Handelsweg zu schützen, der am Neckar entlang führte. Es gab wenige Stellen, an denen man den Neckar überqueren konnte, die heute vorhandenen Brücken waren noch nicht errichtet. Händler mussten also mit ihren Pferdewagen den Fluss durchqueren. Das ging nur mit der Fähre oder an sehr flachen Stellen, an denen man das Wasser durchwaten konnte, ohne weggespült zu werden.

## KLEINES RÄTSEL

***Wie nennt man so eine Flachstelle (bei der Beantwortung helfen dir die Hinweistafeln)?***

☐☐☐☐

### 11. Vier-Burgen-Steg – Stabbogenbrücke

Der Vier-Burgen-Steg ist eigentlich für Fußgänger gedacht, doch ein kleines Schildchen an der Brücke lässt uns stutzen: Es zeigt, dass wir einem LKW auf der Brücke begegnen können! Und wirklich: Der Stahlbogen, an dem der viereinhalb Meter breite Rad- und Fußweg aufgehängt ist, wurde so stabil konstruiert, dass auch Kraftfahrzeuge über die Brücke fahren können. Das ist aber nur Lastwagen erlaubt, die zwischen Kläranlage und Sandrechen hin- und herfahren müssen.

Auf der Brücke sind seit einiger Zeit Schlösser angebracht. Liebende haben ihre Namen darauf geschrieben oder schreiben lassen, diese hier angeschlossen, und als Zeichen ewiger Liebe den Schlüssel in den Neckar geworfen. Der Brauch ist nicht typisch für Stuttgart. Man vermutet, dass er aus Italien kommt. In den letzten Jahren hat sich die Idee mit den Schlössern aber auch in Deutschland und Frankreich verbreitet.

## KLEINES RÄTSEL

***Schau auf den Schlössern nach: Wen liebt Nicola?***

☐☐☐☐☐☐☐☐☐

*Stadtbahn-Haltestelle Mühlhausen*

## 12. Pi 22-87

Die Felshöhlen, die hier zu sehen sind, sind nicht natürlicherweise entstanden. Vor etwa 70 Jahren mussten sich die Familien in Stuttgart bei Luftangriffen verstecken, um nicht von Bomben getroffen zu werden. Die Höhlen dazu haben sie zum großen Teil selbst gegraben. Die Werkzeuge, Motorhammer, stellte die Stadt zur Verfügung. In Stuttgart lebten überwiegend Frauen. Ihre Männer waren fort oder kämpften als Soldaten. Die Pionierstollen wurden von den Frauen ohne große Hilfsmittel in einfachster Bauweise erstellt. Wer mitmachte und beweisen konnte, wie viele Stunden er am Bau mitgearbeitet hatte, bekam eine Eintrittskarte und durfte bei Bombenangriffen hier mit seinen Kindern Schutz suchen. Die zwei miteinander verbundenen Höhlen in Mühlhausen heißen Pi 22-87.

### KLEINES RÄTSEL

**Für was ist Pi die Abkürzung?**

☐☐☐☐☐☐■☐☐☐☐☐☐☐

## 13. Engelburg

Von der Engelburg in Mühlhausen sind nur noch die Grundmauern zu sehen. Die Burg ist nicht nach und nach zerfallen, sondern sie wurde wohl schon vor 700 Jahren in einem Krieg zerstört. In diesem Krieg kämpften keine Staaten gegeneinander, wie es heute bei Kriegen meist der Fall ist. Es kämpften freie und reiche Reichsstädte wie Esslingen, Reutlingen und Rottweil, in denen es große Klöster und andere aufwändige Gebäude gab und in denen Münzen geprägt werden durften, gegen das damals noch nicht sehr mächtige Haus Württemberg. Sie hatten keine Lust, sich von einem Grafen in Stuttgart etwas vorschreiben zu lassen. Esslingen gewann und zerstörte unter anderem wohl die Engelburg in Mühlhausen. Die Württemberger mussten sich den Esslingern beugen.

KLEINES RÄTSEL

**Welche Stadt kämpfte – nach Auskunft der Infotafel – noch an der Seite Esslingens?**

☐☐☐☐☐☐☐☐☐☐ ☐☐☐☐■

Mühlstein in Mühlhausen

## 14. Mühlsteine am Palm'schen Schloss

Früher stand in Mühlhausen – wie schon der Name des Ortes vermuten lässt – eine Getreidemühle. Das Wasser des Neckars trieb das Mahlwerk an. Vor dem Palm'schen Schloss stehen Mühlsteine, die zeigen, wie Korn zu Mehl gemahlen wurde. Ein feststehendes, aufgerautes und gezacktes Rad, der Bodenstein, lag fest, während das obere senkrechte Rad, der Läuferstein, angetrieben von einem hölzernen Wasserrad, im Kreis lief. Das Korn wurde zwischen den

Steinen verrieben. Die Mahlsteine mussten immer wieder neu aufgeraut und nachgeschliffen werden, damit weiterhin feines Mehl hergestellt werden konnte. Rechts steht ein noch nicht fertiger Mahlstein.

KLEINES RÄTSEL

*Wie heißt das Material (die Infotafel kann dir helfen)?*

☐☐☐☐☐☐☐■☐☐☐☐☐

## 15. Brunnenhaus

Als das Brunnenhaus am Schloss gebaut wurde, hat man das Wasser in Eimern durch den Brunnenschacht aus der Tiefe nach oben gezogen. Im Brunnenhaus steht heute eine Schwengelpumpe. Mit einem Hebel kann man Wasser aus der Tiefe des Grundwassers heraufbefördern. Das geht viel einfacher als einen Eimer herunter zu lassen und ihn hinaufzuziehen. Ehe es Strom gab, waren die Schwengelpumpen überall zu finden. Die Menschen holten an solchen Brunnen das Wasser zum Trinken, zum Waschen und zum Baden.

KLEINES RÄTSEL

*Was steht als Angabe über das Entstehungsjahr des Brunnens von außen in den Stein graviert?*

☐☐■☐ ☐☐☐☐☐☐☐☐ ☐☐☐☐

# LÖSUNGSWÖRTER

Fußgänger
Drei
Leuchtturm
Graureiher
Fahrrinne
Weinstöcke
Korbweide
Hochwassermarken
Heilige Barbara
Furt
Philomena
Pionierstollen
Schwäbisch Gmünd
Granitporphyr
Anno Christie 1735

# GROSSES RÄTSEL

Was für Schiffe kannst du am Max-Eyth-See leihen?

_ _ _ _ _ - _ _ _ _

_ _ _ _ _ _ _ _ _

RUDER- UND TRETBOOTE

# TOUR 10
# LEBEN UND TOD

LÄNGE 4,5 KM | AUFSTIEG 50 M | ABSTIEG 43 M

☞ *Die Tour lässt sich mit verschiedenen sportlichen Aktivitäten verbinden: BMX-Rad- und Skateboardfahren, Klettern und Volleyball an den Wannenäckern, Tischtennis am Zuckerberg.*

**START:** S-Bahn-Haltestelle Sommerrain

**1.** Wegmarkierungen ·· **2.** Feuchtbiotop ·· **3.** Volleyballfeld, BMX-Bahn ·· **4.** Unterer Eingang des Stadtteilbauernhofs ··

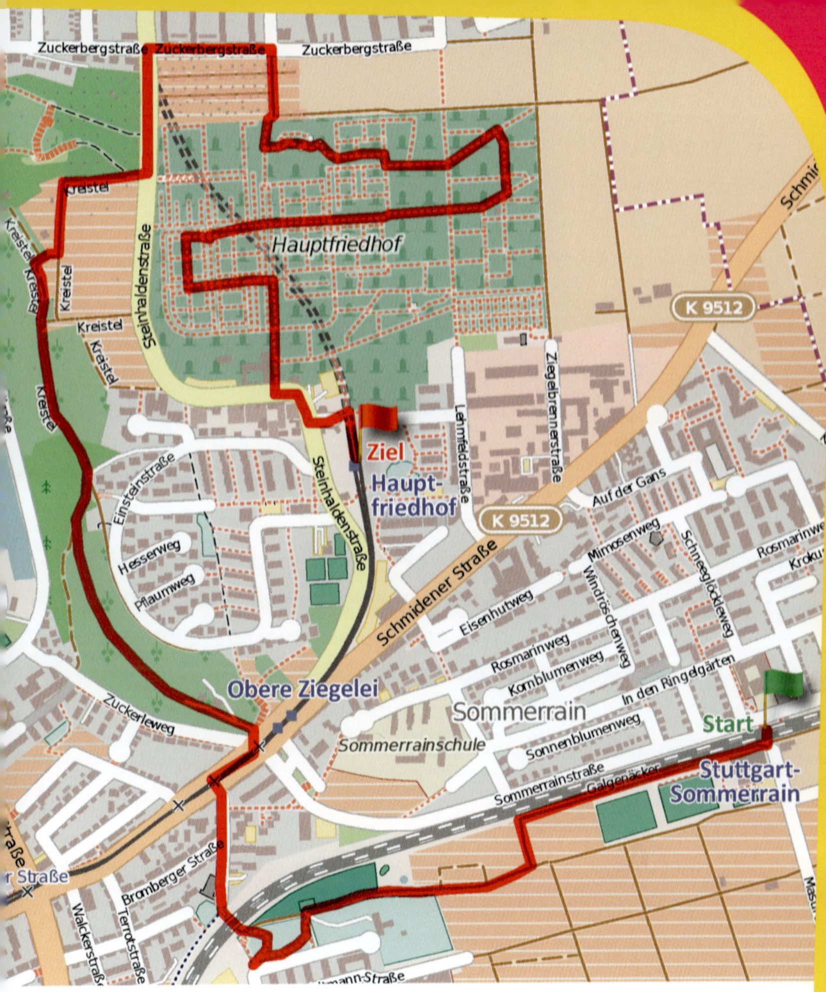


**5.** Stadtteilbauernhof ·· **6.** Evangelische Kirche ·· **7.** Jubiläumsstein ·· **8.** Blick auf die Neckarbrücke und Schiffahrtssignale ·· **9.** Dornensträucher ·· **10.** Tiere im Kleintierzuchtverein ·· **11.** Kleingartenkolonie der Gartenfreunde Bad Cannstatt ·· **12.** Hauptfriedhof – Gräber der Fliegeropfer ·· **13.** Hauptfriedhof – muslimische Gräber

**ZIEL:** Stadtbahn-Haltestelle Hauptfriedhof ....................................

## 1. Wegmarkierungen

Der Weg folgt zunächst längere Zeit auf drei ausgeschilderten Wanderwegen. Da ist zum einen der rote Strich auf weißem Grund. Dies ist eine Wegbezeichnung des Albvereins. Das blaue, wie ein Fluss geschwungene „N" zeigt an, dass auch der Neckarweg hier vorbei führt. Der Neckar kommt aus dem Schwenninger Moos, fließt vorbei an Tübingen, Bad Cannstatt, Heilbronn und Heidelberg und mündet bei Mannheim in den Rhein. Verschiedene Wandervereine teilen sich die Kennzeichnung und Erhaltung der Wege. Der dritte Wanderweg, der hier entlang führt, hat als Emblem ein schwarzes Rössle in einem gelben Kreis. Es kennzeichnet den Stuttgarter Rundwanderweg, er dauert etwa 18 Stunden. Falls man nicht alles auf einmal laufen will, lässt sich der Wanderweg auch gut in fünf Etappen aufteilen. Er führt durch ganz Stuttgart. Der Stuttgarter Rundwanderweg wurde von zwei Vereinen gemeinsam ausgedacht und ausgeschildert. Der eine ist der Schwäbische Albverein, auf den Markierungsschildern steht noch ein weiterer Verein.

### KLEINES RÄTSEL

***Wie heißt dieser zweite Verein?***

□□□□□□□□□□□□□□-

□□□□□□ □□□ □□□□□

□□□□□□□□□ . □□

## 2. Feuchtbiotop

In dem kleinen, sumpfigen Teich wächst eine Staudenpflanze, die bis zu zwei Meter Höhe erreicht. Die Blätter sind 1 bis 2 cm breit, flach und blaugrün. Als Blütenstand wächst ein 2 bis 3 cm breiter und bis zu 20 cm langer Kolben. Der obere schmalere Teil ist männlich und hellbraun, der untere Teil sieht sehr samtig aus und enthält die Samen. Er ist dunkelbraun. In Zeiten, in denen es wenig zu essen gab, hat man die Triebe der Pflanze als Gemüse gegessen und die getrockneten Wurzeln zu Mehl vermalen. Da die Pflanze sehr gut dämmt, nicht schimmelt und kein Wasser durchlässt, wird sie immer häufiger auch zu Platten gepresst als Baumaterial verwendet – ein umweltfreundlicher Baustoff, der ein wenig wie Spanplatte aussieht und der sehr schnell nachwächst.

## KLEINES RÄTSEL

**Wie heißt diese Pflanze?**

☐☐☐☐☐☐☐☐☐☐

In den Wannenäckern

### 3. Volleyballfeld, BMX-Bahn

In den Wannenäckern gibt es Spiel- und Sportflächen. Hier kann man z. B. klettern, mit dem BMX-Rad durch das Gelände fahren oder Volleyball spielen. Es gibt kurvige Schalen aus Beton. Man nennt sie Halfpipe. Beim Durchfahren des steilen Abhangs einer

Halfpipe kann der Sportler die Geschwindigkeit erhöhen, wie auf einer Schaukel. Mit hohem Tempo kann der Fahrer die gegenüberliegende Auffahrt hinauffahren und senkrecht über den Rand der Halfpipe hinausspringen. In der Halfpipe fahren besonders oft Jugendliche mit BMX-Rädern, aber auch mit einem anderen Sportgerät auf Rollen.

## KLEINES RÄTSEL

*Wie heißt dieses Sportgerät?*

☐☐☐☐■☐☐☐☐☐

### 4. Unterer Eingang des Stadtteilbauernhofs

In der Nähe der Hautklinik befindet sich der Stadtteilbauernhof. Hier gibt es einen Kinderhort für Kleinkinder, die jeden Tag kommen und bei schlechtem Wetter in dem bunt bemalten Bauwagen betreut werden. Es gibt Projekte für Schüler, Ferienbetreuung auf der Jugendfarm und jeden Samstag ein kostenloses Mittagessen aus selbst angebautem Gemüse. Man kann auch als einmaliger Besucher auf den Hof kommen. Das untere Tor des Stadtteilbauernhofes ist meist geschlossen. Auf ihm ist ein Ackergerät angebracht.

## KLEINES RÄTSEL

*Wie heißt es?*

☐☐☐☐■

## 5. Stadtteilbauernhof

Auf dem Stadtteilbauernhof gibt es Gemüsebeete, eine Schafherde, Katzen, Ziegen, Pferde und Kaninchen. Besonders scheu sind die Enten. Sie laufen lieber statt zu fliegen. Ihre Lieblingsspeise sind Nacktschnecken. Sie sorgen auf diese Weise dafür, dass auf den Beeten die Kräuter und Salate nicht von den Nacktschnecken abgefressen werden. Die Entenrasse, die auf dem Stadtteilbauernhof gehalten wird, ist sehr winterhart und die Enten benötigen keinen beheizten Stall, da sie eine Substanz im Blut haben, die das Gefrieren des Blutes bis -15° C verhindert.

### KLEINES RÄTSEL

*Wie heißt die Entenrasse,*
*die auf dem Bauernhof lebt?*

☐■☐☐☐☐☐☐

## 6. Evangelische Kirche

Die Kirche hat einen frei stehenden Turm. Das Kirchenschiff erinnert nicht an ein Schiff, sondern an ein Zelt. Es ist aber natürlich nicht aus Stoff, sondern aus Beton. Die dreieckigen Fenster sind in mehrere Rauten unterteilt. Die Architekten haben sich die Zeltform ausgedacht, um zu zeigen, dass Menschen – bildlich betrachtet – immer unterwegs sind und Schutz brauchen. Benannt ist die Kirchengemeinde nach einem Mann, der Gemeindeleiter der ersten christlichen Kirche in Jerusalem war. Er wurde angeklagt und durfte sich aber vor dem Gericht mit einer Rede verteidigen. Diese Verteidigungsrede jedoch verärgerte die Richter so sehr, dass sie den Angeklagten packten, vor die Stadt zerrten und mit Steinen bewarfen. Der Mann wurde getötet.

## KLEINES RÄTSEL

**Wie heißt der Mann, nach dem die Kirche benannt ist?**

☐■☐☐☐☐☐☐☐

*Stadtbahn-Haltestelle Obere Ziegelei*

## 7. Jubiläumsstein

1971 verschenkte der Winzerbund Stuttgart den roten Sandstein einem anderen Verein zum 100-jährigen Jubiläum. Zuerst könnte man denken, dass der Winzerbund ein Verein ist, der gemeinsam Wein anbaut und keltert. Es handelt sich aber beim Stuttgarter Winzerbund um einen ursprünglich nur aus Weingärtnern bestehenden Männergesangsverein. Die Weingärtner sind nicht Stuttgarts einzige singende Berufsgruppe. Es gibt auch den Postgesangverein Stuttgart 1900 e.V., den Singchor des Tiefbauamtes, den Fleischer-Singchor Stuttgart e.V. und Philia, den Chor der Stuttgarter Bäcker 1880 e.V.

## KLEINES RÄTSEL

**Auf dem Geschenkstein steht, wer den Stein bekam. Wie lautet der Verein?**

☐■☐☐- ☐☐☐

☐☐☐☐☐☐☐☐☐☐☐☐☐☐☐

## 8. Blick auf die Neckarbrücke und Schifffahrtssignale

Wenn du hinunter auf den Neckar schaust, kannst du oft Ruderboote sehen. Auch sie müssen sich an die Regeln und Zeichen der Binnenschifffahrt halten. Vor und hinter dem Fußgängersteg siehst du eine unten senkrecht orange-weiß gestreifte Tonne. Sie markiert die Mitte der Fahrrinne. An der Brücke selbst sind Schilder befestigt. Du siehst links ein Rechteck mit einem weißen zwischen zwei roten Balken. Das bedeutet, dass Boote nicht links an dem Mittelpfeiler vorbei fahren dürfen, sondern dass, wie im Straßenverkehr, Rechtsverkehr herrscht. Die senkrecht stehende Raute auf der rechten Seite der Brücke ist links rot und rechts weiß. Das bedeutet, dass kein Schiff dichter an dem Pfeiler vorbei fahren darf als das Schild vorgibt.

### KLEINES RÄTSEL

*In welchen Stadtteil führt der Steg?*

☐☐☐☐☐☐■

## 9. Dornensträucher

Links des Weges wächst Wein. Teilweise stehen dort aber auch andere Sträucher. Ihre Ranken haben scharfe Stacheln, die nach hinten gerichtet sind und dem Strauch als Kletterhilfe dienen. Selbst die Blattstiele sind dornenübersäht. Die Blätter haben Zacken an den Rändern und die Blüten fünf weiße bis rosafarbene Blütenblätter. Im Sommer entwickeln sich aus ihnen dunkle Beeren, die selbst wieder aus kleinen Beerchen zusammengesetzt sind. Anders als bei der Himbeere lösen sich die Beeren nicht vom weißlichen Boden der Frucht. Reif sind die Früchte zwischen August und Oktober.

## KLEINES RÄTSEL

***Wie heißen sie?***

☐☐☐☐☐☐☐■☐☐

## 10. Tiere im Kleintierzuchtverein

Bereits vor dem kleinen Gartenlokal des Kleintierzuchtvereins befindet sich eine Voliere. In ihr leben aus dem Dschungel stammende Pfauen, das sind prächtige Vögel. Die Männchen haben sehr lange Schwanzfedern, mit denen sie bis zu zwei Meter lang werden. Auch das Männchen in der Voliere hat beeindruckende Schwanzfedern, die es aufstellen kann. Man nennt das „ein Rad schlagen". Dabei sieht man augenförmige, glänzende, mehrfarbige Flecken. Männchen und Weibchen tragen eine Krone auf dem Kopf. Die Weibchen sind ansonsten weniger farbig und kleiner als die Männchen.

Mit den Pfauen in einem Gehege wird eine weitere Vogelart gehalten. Auch sie stammt aus dem Urwald und lebt auf dicht bewachsenen Bergen. Der Rücken hat ein grünliches Gefieder. An Brust- und Bauch sind die Federn ebenso wie auf den Oberschenkeln rot. Der Kopf ist goldgelb, der Hals orange-braun gestreift.

## KLEINES RÄTSEL

***Wie heißt dieses Tier?***

☐☐☐☐☐☐■☐☐

## 11. Kleingartenkolonie der Gartenfreunde Bad Cannstatt

83 Kleingärten befinden sich auf dem Gelände der Gartenfreunde. Bis auf vier haben sie alle eine Gartenlaube. Die Pächter arbeiten in erster Linie in ihrem Garten, pflanzen Blumen und bauen Gemüse an, doch sie müssen auch Gemeinschaftsstunden leisten, wenn etwa die Hecke um das gesamte Grundstück geschnitten werden muss.

Das Vereinsemblem zeigt ein Gartengerät. Manche nennen es Mistgabel, andere Spatengabel.

### KLEINES RÄTSEL

*Wie lautet der gebräuchlichste Name?*

□□□□■□□□□□

## 12. Hauptfriedhof – Gräber der Fliegeropfer

Auf der Wiese vor dir siehst du keine typischen Gräber, sondern runde Betonplatten, auf denen teilweise Namen stehen. Bei vielen Grabstätten auf der Wiese kennt man die Namen nicht. Auffallend ist, dass auf vielen Gräbern dasselbe Sterbedatum steht und fast alle aus dem Jahr 1944 stammen: Es sind Gräber für Fliegeropfer. Etwa 4 500 Stuttgarter sind bei Bombenangriffen getötet worden, die meisten 1944, als in 25 Nächten 600 britische Flugzeuge Bomben über der Stadt abwarfen. Von Flugzeugen aus Städte zu bombardieren war aber keine englische Idee. Die ersten Städte, die durch den Luftkrieg beschädigt oder zerstört wurden, waren die polnischen Städte Frampol, Wieluń und Warschau, die von deutschen Flugzeugen aus angegriffen wurden.

KLEINES RÄTSEL

*Wie wird der Krieg genannt, dessen Opfer unter dieser Wiese liegen?*

☐☐☐☐☐☐☐ ☐☐☐☐☐■☐☐☐

## 13. Hauptfriedhof – muslimische Gräber

An einer Seite des Friedhofs fallen Gräber auf, die nicht parallel zu den Wegen angelegt sind, sondern schräg. Sie zeigen nach Osten. Die Menschen, die hier beerdigt sind, waren Muslime. Die Verwandten wollten sie ihrem Glauben gemäß beerdigen. Dafür muss der Verstorbene im Grab auf der Seite liegen und nach Osten schauen, denn dort liegt Mekka, eine heilige Stadt für die Muslime. Viele Gräber haben keinen Blumenschmuck, manche auch keinen Stein. Grabsteine sind in vielen muslimischen Ländern nicht üblich. Viele trauernde muslimische Familien beerdigen ihre Angehörigen fast wie bei uns. Frauen sind auf dem Friedhof mit dabei und alle tragen schwarz. Es finden auf dem Friedhof in Steinhaldenfeld aber auch ganz traditionelle muslimische Beerdigungen statt, bei denen der Verstorbene in ein Tuch gehüllt wird und nur Männer den Toten begraben. Neben unseren Buchstaben findest du auf einigen Grabsteinen auch eine andere Schrift.

KLEINES RÄTSEL

*Welche ist es?*

☐☐☐☐☐☐☐■

## LÖSUNGSWÖRTER

Verschönerungsverein der Stadt Stuttgart e.V.
Rohrkolben
Skateboard
Pflug
Laufente
Stephanus
Obst- und Gartenbauverein
Münster
Brombeeren
Goldfasan
Grabegabel
Zweiter Weltkrieg
Arabisch

## GROSSES RÄTSEL

Wo erholen sich viele Städter?

SCHREBERGARTEN

# TOUR 11
# HERZOGLICHER WALDSPAZIERGANG

LÄNGE 4,2 KM | AUFSTIEG 22 M | ABSTIEG 161 M

*Diese Tour lässt sich gut mit der Besichtigung des Schlosses Solitude verbinden. Eine Besichtigung der Innenräume ist nur im Rahmen einer Führung möglich. Auch die Jugendfarm Robinson liegt am Weg.*

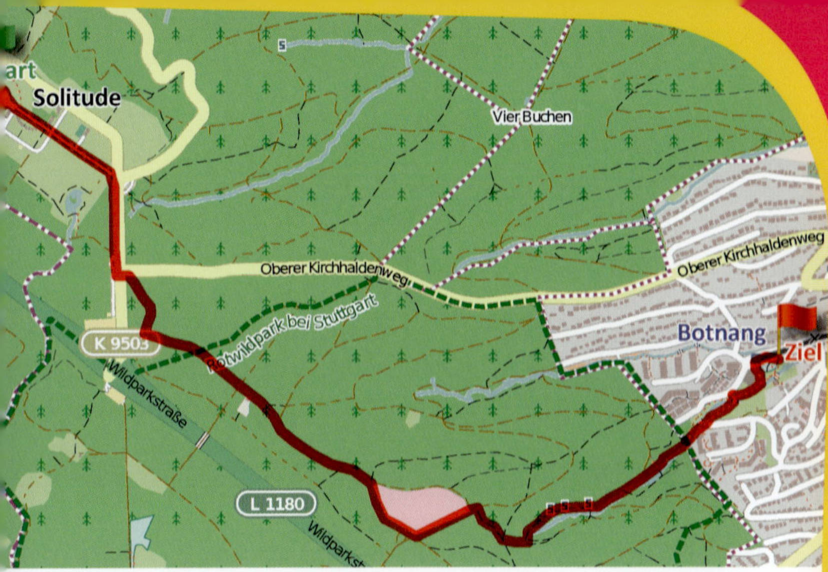


**START:** Bushaltestelle Schloss Solitude

**1.** Schloss Solitude ·· **2.** Solitudeallee ·· **3.** Plastik „Äsendes Reh" ·· **4.** Alleebäume ·· **5.** Naturschutzgebiet ·· **6.** Sonnenuhrhütte ·· **7.** Holzbetonkästen ·· **8.** Schwarzwild ·· **9.** Wassertretbecken ·· **10.** Buberlesweiher ·· **11.** Jugendfarm

**ZIEL:** Stadtbahn-Haltestelle Botnang

## 1. Schloss Solitude

Das Schloss Solitude ließ der Württembergische Herzog Carl Eugen erbauen. Es war nicht sein einziges Schloss. Er war auch der Auftraggeber für das Neue Schloss in Stuttgart, das Carl-Eugen-Appartement im Residenzschloss Ludwigsburg, das Seeschloss Monrepos und das Schloss Hohenheim. Das Schloss Solitude war nicht zum Regieren gedacht. Der Herzog wohnte hier, wenn er sich entspannen wollte. Die Damen und adeligen Begleiter spazierten in den Gärten, die damals voller Blumen in runden, ovalen und quadratischen Beeten standen, und unternahmen Ausflüge in die nähere Umgebung. Im Hauptschloss traf man sich zum Tanzen oder zu einem Konzert. Die hier veranstalteten Feste kosteten das Land sehr viel Geld. Die einfachen Leute zahlten hohe Steuern, weil der Herzog so üppig lebte und feierte. Sie mussten auch hart an dem Schloss arbeiten. Über der Schlossdurchfahrt steht auf der Hofseite auf Latein: „Unter der Führung Carls besiegte unermüdliche Arbeit in vier Jahren die einsame Wüste 1763–1767". Auf der anderen Seite steht: „Der Ort, den Carl Eugen der heiligen Ruhe weihte".

### KLEINES RÄTSEL

***Wie sieht das auf Latein aus?***

Rodeln vor dem Schloss Solitude

## 2. Solitudeallee

Von der Nordseite des Schlosses aus wurde eine schnurgerade 13 Kilometer lange Allee zwischen Schloss Solitude und dem Residenzschloss Ludwigsburg angelegt; auf ihm konnte der Herzog in einer Kutsche schnell von dem „Regierungsschloss" in sein „Erholungsschloss" und wieder zurück fahren. Die Allee verbindet auch heute noch beide Orte miteinander und endet am Stadtrand von Ludwigsburg. Wenn du dich vor das Schloss stellst, kannst du entlang der Allee Stuttgart-Weilimdorf und Stuttgart-Zuffenhausen und Stuttgart-Stammheim eine Stadt mit 30 000 Einwohnern sehen.

### KLEINES RÄTSEL

**Wie heißt diese Stadt (lass dir notfalls von einem anderen Schlossbesucher helfen)?**

☐☐☐☐■☐☐☐☐☐☐☐

## 3. Plastik „Äsendes Reh"

Heute leben in den Gebäuden des Schlosses Solitude Künstler verschiedener Bereiche. Sie müssen keine Miete bezahlen, sondern bekommen ein Stipendium, d. h., dass sie umsonst wohnen dürfen und zusätzlich noch Geld bekommen. Man kann sich um ein Stipendium bewerben. Unter den Stipendiaten sind Architekten, Bildende Künstler, also Maler und Bildhauer, Schauspieler, Designer, Schriftsteller, Musiker und Filmemacher. Eine Jury, eine Gruppe von Menschen, die sich mit Kunst auskennen, hat die Stipendiaten ausgesucht. Die Stipendien gibt es erst seit etwas über zwanzig Jahren. Schon vorher aber lebte auf der Solitude ein Künstler. Vor dem ihm gewidmeten Museum steht eine Plastik, die „Äsendes Reh" heißt. Äsen bedeutet Gras fressen.

### KLEINES RÄTSEL

**Wie heißt der Künstler, der in dem heutigen Museum gelebt hat?**

☐■☐☐☐ ☐☐☐

☐☐☐☐☐☐☐☐☐☐

## 4. Alleebäume

Eine Allee besteht aus zwei Baumreihen, die alle derselben Art angehören. Bei der Allee, in der ihr euch befindet, sind die Stämme graubraun mit rissiger, schuppiger Rinde, die teilweise abblättert. Im Frühling erscheinen dicke, klebrige rotbraune Knospen.

Über 100 einzelne zuerst gelb-weiße, später rosa-weiße Blüten stehen aufrecht in Rispen, die so hoch sind wie dein Unterarm. Die Bäume blühen zwischen April und Mai, die Früchte reifen im September. Im September hängen dann an den Alleebäumen große, kugelige, stachelige, grüne Kapseln mit rundlichen, an einer Seite flachen, glänzenden rotbraunen Samen, die auf den Boden fallen, wenn sie reif sind. Im Namen der Art kommt ein altes Wort für Pferd vor, weil man die Früchte früher Pferden als Medizin gab, wenn sie Husten hatten.

KLEINES RÄTSEL

*Wie heißen die Bäume?*

☐☐☐☐☐■☐☐☐☐☐☐☐

## 5. Naturschutzgebiet

Der Wald, in dem du unterwegs bist, ist ein Naturschutzgebiet. Am Wanderweg, auf dem du den Wald betrittst, stehen Informationstafeln. Auf ihnen ist zu lesen, wie man sich im Wald zu verhalten hat, etwa, dass Hunde an der Leine bleiben müssen, dass man in diesem Wald keine Pilze sammeln und keine Tiere beunruhigen oder fangen darf. Das Schild sagt auch, an welchen Orten man ein Feuer entzünden darf.

KLEINES RÄTSEL

*Wo darf der Besucher des Waldes das tun?*

☐☐☐

☐☐☐☐☐☐☐☐☐☐☐☐☐☐☐☐

☐☐☐☐☐■☐☐☐☐☐☐

## 6. Sonnenuhrhütte

Ein Grillplatz, an dem man Feuer machen und grillen darf, ist bei der Sonnenuhrhütte. Dort könnt ihr ein Päuschen einlegen. Dafür brauchen wir nur die vier Buchstaben zum Sitzen und keine für das Rätsel …

## 7. Holzbetonkästen

Auf der linken Seite des Weges siehst du an Bäumen aufgehängte Kästen. Sie haben kein rundes oder aufrechtes ovales Loch, wie das bei Vogelnistkästen üblich ist. Ihr Loch ist quer. Das Häuschen mit der roten Acht ist aus Holzbeton. Dieses Material besteht zu ca. 75 Prozent aus Holz, ist aber wesentlich länger haltbar. Feuchtigkeit kann aus dem Kasten nach außen gehen und innen bleibt es lange warm.

### KLEINES RÄTSEL

*Für welche am späten Abend und in der Nacht hier zu beobachtende Tierart sind die Kästen aufgehängt worden?*

☐☐☐■☐☐☐☐☐☐☐

## 8. Schwarzwild

Herzog Carl Eugen liebte es, Jagdgesellschaften zu geben. Dabei war es ihm wichtig, dass man sich nicht besonders anstrengen musste. Deswegen legte er den Wildpark mit seinen ebenen Straßen an, auf denen es nicht ruckelte, wenn man mit einem Jagdwagen darüber fuhr. Außerdem sollten immer genügend Tiere unterwegs sein, damit alle Mitglieder der Jagdgesellschaft auch etwas schießen konnten. Noch heute leben Wildschweine im Schwarzwildpark. Sie haben aber keine Angst vor Jägern. Sie liegen die größte Zeit des Tages auf dem Waldboden und dösen. Manchmal kannst du sie auch beim Suhlen sehen. Besonders im Sommer wälzen sie sich im Schlamm. Sie werden durch die Schlammschicht seltener von Insekten gestochen. Besonders niedlich sind die kleinen Wildschweinbabys. Sie haben Streifen längs über den Rücken. Man nennt sie Frischlinge. Die erwachsenen Männchen nennt man Eber, die Weibchen Bache. Auf dem Informationsschild kannst du lesen, wie die jugendlichen Wildschweine im zweiten Lebensjahr bezeichnet werden.

Frischling im Schwarzwildpark

## KLEINES RÄTSEL

**Wie werden sie genannt?**

☐☐☐☐■☐☐☐☐☐

Nachdem du hinter dem Pavillon links abgebogen bist, folgst du dem Weg Richtung Botnang, bis auf der linken Seite das Gehege endet. Rechts geht hier ein schmaler Pfad ab, auf den du einbiegst. Dieser Fußweg überquert einen anderen unbefestigten Pfad und geht danach stark, teils auf altem, aufgewühlten Pflaster bergab. Nimm nun den ersten kleinen Weg links weiter in die Schlucht des Buberlesbachs hinunter.

## 9. Wassertretbecken

Das Tretbecken ist blau gefliest. In der Mitte dient ein Balken zum Festhalten. Wassertreten ist eine Methode, mit der man sich abhärtet, um seltener Erkältungen zu bekommen. Abends kann es beim Einschlafen helfen. Man sollte nicht ins Becken steigen, wenn man friert. Die Füße müssen also vorher warm sein. Schuhe und Socken zieht man aus, ehe man ins Becken steigt, die Hose wird bis über die Knie hochgekrempelt. Im Wasser schreitet man wie ein Storch, dabei hebt man bei jedem Schritt den einen Fuß vollständig aus dem Wasser. Auf diese Weise geht es zwischen 30 Sekunden und 2 Minuten durchs Wasser. Man soll danach die Füße nicht mit einem Handtuch abtrocknen, sondern sich bewegen, damit die Füße warm werden und sozusagen sich selbst abtrocknen.

### KLEINES RÄTSEL

**Der Erfinder der Wassertherapie war Pfarrer.**
**Wie lautet sein Nachname?**

☐☐☐☐☐☐

*Baubereich der Jugendfarm*

## 10. Buberlesweiher

Auf dem Weg zum Buberlesweiher erklärt ein Schild, wie die Botnanger früher das viele Wasser und das Holz des Waldes nutzten. Sie arbeiteten häufig als Bleicher. Die Bleicher mischten Asche mit heißem Wasser, filterten es, und gossen es dann über den Stoff, der weiß werden sollte. Danach musste der Stoff immer wieder gewässert, auf einer Wiese ausgelegt und von der Sonne beschienen werden. Weiße Bettwäsche galt als viel feiner als die Wäsche aus ungebleichtem gelblich-grauem Leinen. Das Bleichen aber war viel Arbeit – und aus dem Grund weiße Wäsche wesentlich teurer als naturfarbene. Auf dem Informationsschild steht, welches Holz die Bleicher verwendeten, um ihre Bleichasche zu gewinnen.

### KLEINES RÄTSEL

*Welches Holz wurde verwendet?*

☐☐☐☐☐☐☐■☐☐

## 11. Jugendfarm

Auf der Robinson-Jugendfarm leben Schafe und Ziegen, Hühner und Enten, Meerschweinchen, Katzen und Hasen. Du kannst dich zu den Hasen ins Gehege setzen und sie streicheln. Im Baubereich können Kinder, die häufiger die Jugendfarm besuchen, ihre eigene Hütte bauen. Samstags und in den Ferien kannst du mit anderen Kindern gemeinsamen Mittagessen kochen. Kinder, die mitkochen möchten, müssen sich bis 11:15 Uhr anmelden und 1,50 Euro bezahlen. Wer Lust hat zu toben und eine Strohschlacht zu veranstalten, für den gibt es auf der Jugendfarm ein tolles Gebäude. Du findest es auf der Übersichtskarte.

# KLEINES RÄTSEL

**Wie heißt dieses Gebäude?**

☐☐☐☐☐- ☐☐☐

☐☐☐☐☐☐☐☐

Ganz in der Nähe von Schloss Solitude

## LÖSUNGSWÖRTER

LOCA HAEC TRANQUILLITATI SACRA VOLUIT CAROLUS

Kornwestheim

Fritz von Graevenitz

Rosskastanien

Auf gekennzeichneten Grillplätzen

Fledermaus

Überläufer

Kneipp

Buchenholz

Stroh- und Tobehaus

## GROSSES RÄTSEL

Auf der anderen Seite der Wildparkstraße gibt es ein weiteres Ausflugsziel, bei dem man nicht Wildschweine, sondern Hirsche beobachten kann. Wie heißt es?

ROTWILDPARK

# TOUR 12
# ÜBER ACKERBAU UND ALTE BÄUME

LÄNGE 4,28 KM | AUFSTIEG 62 M | ABSTIEG 68 M

☞ *Die Tour lässt sich verbinden mit einem Besuch im Deutschen Landwirtschaftsmuseum und einem Besuch im Zoologischen und Tiermedizinischen Museum mit Hohenheimer Holzbibliothek.*

**START:** Bushaltestelle Universität Hohenheim

**1.** Älteste Ackergerätefabrik Württembergs ·· **2.** Schloss Hohenheim mit Museum ·· **3.** Katharinendenkmal ·· **4.** Schafwiese ·· **5.** Jägerallee ·· **6.** Alte Getreide- und Gemüsesorten ·· **7.** Langer See ·· **8.** Subfossile Stämme ·· **9.** Labyrinth ·· **10.** Aussichtspunkt ·· **11.** Botanisches System ·· **12.** Säulen ·· **13.** Spielhaus ·· **14.** Deutsches Landwirtschaftsmuseum

**ZIEL:** Stadtbahn-Haltestelle Plieningen Garbe

## 1. Älteste Ackergerätefabrik Württembergs

Das Schloss Hohenheim und seine Nebengebäude waren, wie alle Schlösser, zuerst als Wohnhaus für einen Herrscher gebaut worden. Hier in Hohenheim lebten Herzog Carl Eugen und Franziska von Hohenheim. Königin Katharina und König Wilhelm I. beschlossen 1816, als in Württemberg eine schreckliche Hungersnot herrschte, dass es wichtig wäre, die Bauern und Gärtner besser auszubilden und Gemüse- und Obstsorten zu züchten, die weniger anfällig gegen Kälte sind. Sie eröffneten im Schloss Hohenheim Schulen für Landwirtschaft, ließen im Land Sparkassen bauen, in denen Bauern, die ihr Saatgut vor Hunger aufgegessen hatten, Geld für neue Saat leihen konnten, und sorgten auch dafür, dass den Bauern bessere Maschinen zur Verfügung standen. Diese Maschinen wurden in dem Haus, vor dem du stehst, hergestellt. Menschen aus der ganzen Welt kamen angereist, um sich die verbesserten oder neu entwickelten Ackergeräte in Hohenheim anzusehen und zu kaufen. Zum Dank für die Verbesserung der Geräte wurde das berühmteste und meistgebaute Ackergerät, der Hohenheimer Pflug, zum 25. Amtsjubiläum des Königs mit Goldfarbe überzogen und beim Umzug mitgeführt. Die Straße, in der die Fabrik steht, ist heute nach einem Saatgutforscher benannt.

### KLEINES RÄTSEL

*Wie hieß er?*

☐☐☐■☐☐☐☐☐

## 2. Schloss Hohenheim mit Museum

Genau unter der Kuppel des Schlosses Hohenheim befindet sich ein verrücktes und erstaunliches Museum, das du besuchen solltest, wenn es geöffnet hat. Du musst das Schloss durch die große Tür betreten und dann eine Treppe hochsteigen. In diesem Museum kannst du präparierte Insekten in Kästen sehen. Es wird genau gezeigt, wie zum Beispiel Borkenkäferlarven im Stamm leben. Es gibt in dem Museum eine riesige Hufeisensammlung und, das ist vielleicht das Überraschendste, Tiere mit Fehlbildungen, etwa einen Lurch mit zwei Schwänzen oder ein Kalb mit zwei Köpfen. Das Museum ist gleichzeitig gruselig und faszinierend.

### KLEINES RÄTSEL

*Wie heißt es?*

☐☐☐☐☐☐■☐☐☐☐ ☐☐☐
☐☐☐☐☐☐☐☐☐☐☐☐☐☐☐☐☐
☐☐☐☐☐☐

## 3. Katharinendenkmal

Königin Katharina, die 1816 den Württembergischen König heiratete und Königin von Württemberg wurde, tat alles ihr Mögliche um die Armut in Württemberg zu bekämpfen. Sie war eine Tochter des mächtigen, russischen Herrschers, des Zaren Pawel Petrowitsch. Die Herrscherhäuser waren meist miteinander verwandt. Geheiratet wurde ausschließlich innerhalb des hohen Adels. Königin Katharina war nicht nur die Ehefrau König Wilhelms, sondern auch dessen Cousine. Statt des Nachnamens spricht man in Russland erwachsene Frauen meist mit einer weiblichen Form des Vornamen des Vaters an.

KLEINES RÄTSEL

**Schau auf dem Denkmal nach:**
**Wie nannte man Katharina?**

□□□□■□□□□ □□□□□□□□

## 4. Schafwiese

Auf dieser Wiese weidete bis 2010 die älteste Schafherde Württembergs. Viele Jahrhunderte lang gab es die wolligen und zu weiten Wanderungen fähigen Merinoschafe nur in Spanien. Ihre Ausfuhr war streng untersagt, weil der Verkauf der Wolle Spanien viel Geld brachte. 1786 aber konnte der Erbauer des Schlosses Hohenheim Herzog Carl Eugen eine Herde in Spanien kaufen. Er ließ sie auf die Alb und später in seinen Schlossgarten treiben. Die Merinoschafe wurden mit hiesigen, weniger flauschigen aber fleischigeren Schafen gekreuzt. Die Schafe, die regelmäßig geschoren wurden, gehörten zuletzt der Universität. Weil aber an den Schafen kaum mehr geforscht wurde, wurde die Herde, die mehr kostete als Nutzen brachte, 2010 aufgelöst.
Die Hinweistafel sagt dir, aus welcher spanischen Provinz die Württemberger Schafe ursprünglich kamen.

KLEINES RÄTSEL

**Wie heißt diese Provinz?**

□□□□□■□

Schloss Hohenheim

## 5. Jägerallee

Herzog Carl Eugen ließ diese Allee anlegen, die absolut gerade von der Mitte des Schlosses aus verläuft. Sie besteht aus Bäumen, die, wenn man sie wachsen lässt, hoch und schlank wie Säulen werden. Die Bäume im Schlossgarten wurden aber immer wieder oben abgeschnitten und haben so oben einen Knubbel, man nennt ihn Kopf, bekommen, von dem die Äste abstehen. Das Holz der gewählten Baumart ist sehr flexibel. Die Äste biegen sich weit im Wind. Weil auch das Holz des Baumes so biegsam ist, entstehen daraus oft Musikinstrumente oder Skateboards, die ja nicht brechen dürfen.

### KLEINES RÄTSEL

*Wie heißt die Baumart (schau auf dem Schild)?*

## 6. Alte Getreide- und Gemüsesorten

Auf verschiedenen Feldern vor dem Schloss wird gezeigt, was die Menschen zu unterschiedlichen Zeiten in der Vergangenheit angebaut und gegessen haben. Direkt an unserem Weg liegt ein Feld, das zeigt, was man gegessen hat, als die Römer unsere Region besetzt hatten. Hier wachsen Emmer und Spelzengerste, Sellerie und Koriander und manche anderen Pflanzen mehr, die du vielleicht kennst, weil wir sie auch heute noch essen. Es wird aber auch eine Pflanze gezeigt, die Hunderte von Jahren fast verschwunden war und die manche Bauern heute – hauptsächlich um Öl zu gewinnen – wieder anbauen. Diese Pflanze ist robust, erträgt Hitze und Frost, braucht wenig Wasser und muss nicht gedüngt werden. Man kann die fettreichen Samen auch in Brotmehl oder in Brei verwenden. Anders als bei Getreide liegen die Früchte, die sich aus den kleinen, gelben Blüten entwickeln, in birnenförmigen Kapseln recht weit vom Stengel entfernt. Die am Weg angebrachte Karte hilft dir, die Pflanze, die zwischen den Färberpflanzen und dem Emmer wächst, zu bestimmen.

### KLEINES RÄTSEL

**Wie heißt sie?**

☐☐☐☐☐☐☐☐☐☐

## 7. Langer See

Der Lange See war früher deutlich größer. Er diente als Wasserspeicher für den Garten – und zum Vergnügen des Herzogs. Am Ufer war ein Schiff befestigt. Man konnte mit ihm nicht über das Wasser fahren, aber es war innen prächtig ausgemalt und wurde als eine Art exotisches Gartenhaus genutzt. Das Schiff stammte aus Venedig. Es war eine Gondel, wie sie dort üblich sind.

## Kleines Rätsel

*Wie hieß der Maler, der im Auftrag Herzog Carl Eugens die Gondel ausmalte?*

□□□□□□□□
□□□ □□□□□□□

Zu Stein gewordener Stamm in Hohenheim

### 8. Subfossile Stämme

Die Stämme und Wurzeln hier am Ufer sind etwa 4 400 Jahre alt! Die Bäume standen einst direkt am Rhein, einem Fluss, der bis in die Nordsee führt. Sie wurden weggeschwemmt und lagen dann auf dem Grund des Flusses. Dort sind sie nicht verfault, denn: Sand und Steine haben sich mit den Jahren über die Baumstämme gelegt, sie sind verkieselt und damit nicht weiter verrottet. Erst beim Ausheben einer Kiesgrube kamen die alten Uferbäume wieder ans Tageslicht.

KLEINES RÄTSEL

*In welchem Ort hat man den langen Stamm gefunden, auf dem die Beschriftungstafel steht?*

☐☐☐☐☐☐☐☐☐-

☐☐☐☐☐☐☐☐☐☐☐

## 9. Labyrinth

Das Labyrinth ist kein Irrgarten. Zum einen kannst du den Weg immer vor dir sehen, es gibt keine hohen Hecken, die deine Sicht versperren. Zum anderen gibt es nur einen einzigen Weg in das Labyrinth und nur einen hinaus. Du kannst also nicht in einer Sackgasse landen. Das Labyrinth haben Schüler der Gartenbauklasse in Hohenheim angelegt. Sie bekommen theoretischen aber auch praktischen Unterricht. Sie haben den Schotter gestreut und die vielen duftenden Büsche gepflanzt. Aus diesen Büschen wird, besonders in Frankreich, auch Parfüm gewonnen. Viele Leute hängen sich kleine Sträußchen der Blüten in ihren Kleiderschrank, damit keine Motten die Wollpullover durchlöchern.

KLEINES RÄTSEL

*Wie heißen die Pflanzen, die das Labyrinth bilden?*

☐☐☐■☐☐☐☐

## 10. Aussichtspunkt

Auf einem Hügel, von dem du eine weite Sicht hast, steht ein offener, runder Bau aus Säulen. Vorbild waren runde Säulenhallen, die man früher in Griechenland gebaut hat, um Götterbilder vor Regen zu schützen. Sie haben normalerweise ein Dach, aber keine Wände. Dem Bauwerk im Garten Hohenheim fehlt dagegen das Dach.

KLEINES RÄTSEL

*Wie nennt man die Art von Gebäuden?*

☐☐☐☐☐☐☐☐☐☐

Im Botanischen Garten

## 11. Botanisches System

Wir kennen heute 250 000 Arten von Samenpflanzen. Da verliert man schnell den Überblick. Um sich im Pflanzenreich besser orientieren zu können, werden die Pflanzen in Familien und Gattungen eingeteilt. Auf den Schildchen findest du den wissenschaftlichen (lateinischen) sowie den deutschen Namen der Pflanzenart, den wissenschaftlichen Namen der Pflanzenfamilie und das Gebiet aus dem die Pflanze kommt. Die wissenschaftlichen Namen sind für Biologen sehr wichtig, um sich international austauschen zu können. Der erste Name benennt die Gattung. Innerhalb einer Gattung gibt es meist mehrere verwandte und sich ähnelnde Pflanzen. Erst der zweite Name macht daraus den Namen der Art. Die systematische Abteilung des Hohenheimer Gartens zeigt etwa 4 000 Pflanzenarten.

## KLEINES RÄTSEL

**Was zeigen die kleinen Landkarten auf den Schildchen an?**

☐☐☐☐☐☐■☐

### 12. Säulen

Ursprünglich standen drei Säulen im exotischen Garten. Die Säulen hier sollen auch aussehen wie Säulen eines verfallenen Tempels. Das Original steht in Rom. Der Herzog Carl Eugen selbst ist nach Rom gefahren. Ihn interessierten allerdings weniger die moderne Stadt, sondern die Reste des Antiken Roms. Die Stadt Rom ist vor 2 000 Jahren die Hauptstadt fast ganz Europas und von Teilen Afrikas und Asiens gewesen. Man nannte die gesamte von Rom aus beherrschte Region das Römische Reich. Auch die Gegend, wo Stuttgart heute steht, gehörte zu Rom. Der Herzog brachte von seiner Reise Zeichnungen antiker Ruinen mit nach Stuttgart. Sie dienten als Vorlage für seinen Garten. In Originalgröße wären die Säulen vom Tempel für einen römischen Gott für den Park zu groß gewesen. Herzog Carl Eugen ließ sie ein Viertel so groß wie das Original nachbauen.

## KLEINES RÄTSEL

***Welchem Gott war der Tempel geweiht, dessen Säulen der Herzog nachbauen ließ?***

☐☐☐☐☐☐■

### 13. Spielhaus

Der erste Besitzer des Gartens, Herzog Carl Eugen ließ hier einen Park anlegen, der zeigen sollte, dass das Stadtleben ganz unmoralisch ist und das Leben auf dem Land viel friedlicher. Das hat er selbst nicht geglaubt, aber es entsprach der Mode seiner Zeit, dass man die ländliche Idylle pries und auf die Städte schimpfte. Er ließ 60 Ruinen und Szenen in den Park bauen. Viele gibt es heute nicht mehr. Das Wirtshaus und das Spielhaus aber blieben erhalten. Hier wurden bei schlechtem Wetter Spiele gemacht. Es war der Treffpunkt im Park. Feste wurden vor den Häusern gefeiert. Die Schüler der Hohen Karlsschule, einer sehr strengen Militärschule in Stuttgart, mussten, wenn der Herzog feiern wollte, einen Tag lang als ärmliche Bauern im Garten stehen oder sitzen. Die Kinder und Jugendlichen dienten als lebende Dekorationsgegenstände.

## KLEINES RÄTSEL

***Was ist heute im Spielhaus untergebracht?***

☐☐☐☐☐☐ ☐☐☐

■☐☐☐☐☐■☐☐☐

☐☐☐☐☐☐☐☐☐☐

## 14. Deutsches Landwirtschaftsmuseum

Vor dem Museum steht ein hellblauer Kipppflug, Baujahr 1921. Vor der Erfindung des Dampfpflugs zogen Menschen oder Tiere den Pflug. Das dauerte lange und die Pflüge waren schmal. Die Zugtiere mussten oft wenden und dann wieder über den Acker gehen, ehe ein ganzes Feld umgegraben war. Der Dampfpflug aber wurde von zwei Dampfmaschinen über ein jeweils per Seilwinde betriebenes Stahlseil gezogen. Eine Dampflok stand auf der einen Seite des Ackers, die andere gegenüber. Abwechselnd zog jeweils eine der Maschinen. Dann musste der Pflug nur gekippt werden und die andere Dampfmaschine ziehen. Dieses Verfahren heißt Dampfpflügen. Es ging viel schneller als früher mit Pferden. Viele Menschen verloren in den Dörfern durch den Dampfpflug vor 100 bis 150 Jahren ihre Arbeit und gingen in die Stadt. Die Städte wuchsen dadurch stark an.

### KLEINES RÄTSEL

*Wie hieß die Firma, die den Pflug hergestellt hat?*

☐ ■ ☐ ☐ ☐

## LÖSUNGSWÖRTER

Frühwirth
Zoologisches und Tiermedizinisches Museum
Katharina Pawlowna
Segovia
Italienische Pappel
Leindotter
Nikolaus von Thouret
Lichtenau-Grauelsbaum
Lavendel
Monopteros
Herkunft
Jupiter
Museum zur Geschichte Hohenheims
Kemna

## GROSSES RÄTSEL

Was war die Gründerin des Hohenheimer Gartens, Franziska von Hohenheim, ehe sie durch Heirat zur Herzogin wurde?

REICHSGRÄFIN

**DIE AUTORIN** Ute Friesen schreibt Sachbücher und Reiseführer für Kinder, Jugendliche und Erwachsene. Zusammen mit ihrem Mann Jan Thiemann hat sie bei Theiss die kuriose Reiseführerreihe „Schräge Heimat" ins Leben gerufen. Ute Friesen lebt in der Nähe von Stuttgart.

**BILDNACHWEIS** Alle Abbildungen in diesem Band stammen von der Autorin, mit Ausnahme von: S. 9: Andreas Diel; S. 9: Kerstin Schröder; S. 14, 49, 57, 86, 88, 106, 137, 146 (gr. Bild): Stuttgart Marketing GmbH; S. 20 (kl. Bild): Staatliches Museum für Naturkunde Stuttgart/R. Pfisterer; S. 30 (gr. Bild): Staatliches Museum für Naturkunde/R. Harling; S. 30 (kl. Bild), 37 (kl. Bild), 54 (kl. Bild), 66 (kl. Bild), 91: Stefan Brückner, Stuttgart; S. 70: Bettina Stolze; S. 78: Stuttgart Marketing GmbH/ Werner Dietrich; S. 134: Frank Gärtner/Fotolia; S. 146 (kl. Bild): Zoologisches und tiermedizinisches Museum Stuttgart-Hohenheim

Die Deutsche Nationalbibliothek verzeichnet diese Publikation in der Deutschen Nationalbibliografie; detaillierte bibliografische Daten sind im Internet über http://dnb.dnb.de abrufbar.



Der Konrad Theiss Verlag ist ein Imprint der WBG.


Die Herausgabe des Werks wurde durch die Vereinsmitglieder der WBG ermöglicht.
**UMSCHLAGGESTALTUNG** Stefan Schmid Design, Stuttgart,
unter Verwendung von Abbildungen von Fotolia (© aldorado, Claudio Divizza, hal_pand_108, Jürgen Fälchle, JackF) und der Stuttgart Marketing GmbH
**LEKTORAT** Ulrike Burgi, Köln
**GESTALTUNG UND SATZ** Eva Knoll, Stuttgart
**KARTOGRAFIE** post scriptum, www.post-scriptum.biz,
auf der Grundlage von OpenStreetMap

Gedruckt auf säurefreiem und alterungsbeständigem Papier
Printed in Germany

Besuchen Sie uns im Internet: www.wbg-wissenverbindet.de

**ISBN 978-3-8062-3024-6**

Elektronisch sind folgende Ausgaben erhältlich:
eBook (PDF) 978-3-8062-3129-8
eBook (epub) 978-3-8062-3130-4